U0927046

世纪波
Century Wave

TRAINING IS THE

ANSWER

培训就是答案

中国学习与发展实操手册

Making Learning & Development Work in China

（修订本）

[美] 伊莱恩·碧柯（Elaine Biech） 著 顾立民 译

電子工業出版社
Publishing House of Electronics Industry
北京·BEIJING

Elaine Biech: Training is the Answer: Making Learning & Development Work in China
ISBN: 978-1939247063

版权贸易合同登记号　图字：01-2016-0902

图书在版编目（CIP）数据

培训就是答案：中国学习与发展实操手册 /（美）伊莱恩•碧柯（Elaine Biech）著；顾立民译. —修订本. —北京：电子工业出版社，2020.3

书名原文: Training is the Answer: Making Learning & Development Work in China

ISBN 978-7-121-38280-2

Ⅰ. ①培…　Ⅱ. ①伊…　②顾…　Ⅲ. ①职业培训　Ⅳ. ①C975

中国版本图书馆 CIP 数据核字（2020）第 029616 号

责任编辑：晋　晶
文字编辑：袁桂春
印　　刷：涿州市京南印刷厂
装　　订：涿州市京南印刷厂
出版发行：电子工业出版社
　　　　　北京市海淀区万寿路 173 信箱　　邮编：100036
开　　本：720×1000　1/16　印张：17　字数：262 千字
版　　次：2016 年 6 月第 1 版
　　　　　2020 年 3 月第 2 版
印　　次：2020 年 3 月第 1 次印刷
定　　价：69.00 元

凡所购买电子工业出版社图书有缺损问题，请向购买书店调换。若书店售缺，请与本社发行部联系，联系及邮购电话：（010）88254888，88258888。

质量投诉请发邮件至 zlts@phei.com.cn，盗版侵权举报请发邮件至 dbqq@phei.com.cn。

本书咨询联系方式：（010）88254199，sjb@phei.com.cn。

赞 誉

“伊莱恩的书将学习与发展最核心和最基础的东西带给了我们并时刻提醒我们自身的角色，以及我们在这个快速变化的世界里如何通过工作回归永久不变的人性。她像一座灯塔，照耀着我们前行的路程，提醒着我们如何在 VUCA 的环境中坚持一直做正确的事。”

——美国迪尔公司（中国）区域领导力发展经理　帕梅拉·吴

“我已经在学习与发展领域工作了逾十年时间。伊莱恩用她高度的专业水准帮助我了解到一名培训从业者如何采取各种措施使学员学到他们想学习和应该学习的东西。她也使我了解到我该如何成为一名行业专家。”

——中粮培训中心副总经理　刘菲

“伊莱恩是我认识的人当中最勤奋的。她日夜辛勤地写书，每次比学员早两小时到教室，为了传播一小时的理念在各大洲之间来回穿梭。她精力旺盛，专业水准高。她理解我们中国的从业者需要什么。只要你有问题，她总有一个满意的回答。”

——上海改进管理咨询有限公司联合创始人　顾立民

“伊莱恩女士是培训领域难得一见的大师！她的敬业、执着和将培训视为信仰的精神与状态深深震撼了我！我们这些学员将与她一道将挚爱的培训尊崇为信仰，将卓越的培训进行到底！”

——中国石油管理干部学院领导力教研室主任　杨潞

译者序

长久以来，我一直想自己写培训方面的书。这几年，特别是从2010年开始，我马不停蹄地引进并参与翻译了《ASTD培训经理指南》、《ISPI绩效改进指南》及《ATD学习发展指南（第2版）》三部曲。大量的翻译工作使得自己写书的愿望愈发强烈。

我在美国学培训，在贝尔公司担任培训经理将近十年，2005年回国后又在诸如爱立信、IBM等不同的企业从事过培训工作。所有这些年在美国的系统学习与实践，以及十多年来在国内不断地从事咨询项目、探讨培训工作的真正价值，包括如何将经营业绩与培训进行直接挂钩，以及继续在学术上的探讨、国内外的交流等，都使得自己内心的声音愈加强烈——把自己走过的职业道路写下来，分享出去，让更多的人受益，但这种想法又被打断了。

2015年年底，碧柯女士的《培训就是答案》英文版在美国出版。碧柯女士长期以来被我视为导师和精神领袖之一。我读过她的书，听过她的演讲，与她进行过长时间细致的攀谈，请她到家里吃过饭，她还为我的孩子起了英文名字。现在她不仅是我学术上的老师，还是我生活中的朋友。她为人友善，对任何人都充满了尊敬。在工作上，她又是一个绝好的榜样。她每天睡觉的时间很少，大部分时间用来工作。当我很关心地告诉她那样会影响健康时，她说多年来已经习以为常，如果事情没有按照自己的标准做好，根本睡不着觉。每次讲课，她都要提前看场地。课程当天，她一定要提前两小时到教室做准备，并且逐个地与参与者打招呼，营造轻松和谐的学习氛围。对桌椅的摆放、桌布的长短、教材的码放等布置细节，她都一一亲自操刀。课程开始，她又会循循善诱、耐心细致地讲解每一句话、吐清每一个字。她认真、较真儿的劲头，的确是我学习的榜样。更何况，用我们的标准看，她年事已高。

在非工作场合，我们讲中文时一般都尊敬地称她为碧柯老太太。这个称呼代表了大家对她学识的敬佩和对她本人的尊敬。

在无数的荣誉面前，碧柯女士一直保持谦逊、平和的姿态，并一直坚持做自己认为价值最大、最正确、让更多人受益的事。在这点上，她也给我们当今这个浮躁的社会树立了一个榜样。

碧柯女士可谓著作等身。她出版过很多书籍，多年来为美国乃至全世界的培训从业者带去了不知多少的知识营养，让多少人避免了工作上的失误，加快了多少人的职业和人生步伐。她在培训业界声名显赫，跟任何人谈起她，你会惊奇地发现几乎每个人要么跟她是好朋友，要么跟她有过交往，至少也听过她的名字。这跟她的工作相关。长期以来，她甘愿为 ATD［人才发展协会，原 ASTD（美国培训与发展协会），1943 年成立，是世界最大的培训专业组织］担当志愿者，在各种不同的委员会、理事会、学院等任职，传播培训的专业知识和最佳实践。她与全球业内的诸多著名专家、学者、教授、资深顾问、思考者、领导人等，建立了广泛的联系，并撬动这些宝贵的资源，请他们将各自最好的思想、方法、模型、实践经验、研究成果、工具、流程、标准等写成文章，由她来亲自编辑成册，分享给全世界的学习与发展从业者们。

这也就是《ASTD培训经理指南》、《美国培训与发展协会领导力开发手册》（徐中主译）、《ATD学习发展指南（第2版）》等一部部鸿篇巨制的来源。我们之所以一部部地将这些宝贵的书籍引入中国，就是想让中国的从业者们能够少走别人和前人走过的弯路，甚至弯道超车！因为我们国家的高校里面没有培训专业，几乎所有培训从业者都是从别的行业转行来的，没有经历过系统的专业学习和训练，所以这些书在实践上起到了基础的启蒙、指导作用。

近几年来，碧柯女士不辞辛苦，每年都来中国，带来全球培训业界的最新思考和最佳实践。2015年，《培训》杂志邀请其做主题演讲。事前三个月，她就向我和其他朋友咨询哪些话题最适合中国的培训从业者。演讲前一周，当在我家见面时，她一张一张地跟我过她的PPT，详细解释VUCA［Volatility（易变性），Uncertainty（不确定性），Complexity（复杂性），Ambiguity（模糊性）］时代将如何给中国的培训从业者带来一些思考，以及未来的潜在影响。对每张PPT她都要虚心、仔细地考虑我的反馈。她的认真程度不亚于一个小学生，同时也让我感到震撼，并感触颇深。

对于中国，碧柯女士情有独钟。作为世界上最大的发展中国家，她非常看好中国的未来，并且认为这个国家的希望在于人才！这几年，在我国开设课程，并在与不同的企业、机构交往过程中，她发现中国的培训从业者亟须一些基础的培训专业知识。因此，2015年夏天，她在闭关了几周之后，完成本书英文版的初稿，当年年底本书英文版出版。本书英文版初稿完成以后，碧柯女士还专门发来不同的封面照片，寻求我的建议，最终，我的建议被采纳了。本书英文版很中国风的封面比起在美国出版的其他关于中国的书籍来，确实还要醒目和招人喜欢。

本书可以说是培训入门者的一本启蒙书，初学者的良师益友。本书的篇幅不长，共11章。但每一章内容都是建立在大量的理论和实践基础之上的。本书的每一章都聚焦一个相关的基础性问题。

第 1 章　聚焦作为一名培训从业者的基本素质和素养，以及在组织中的角色和价值。

第 2 章　培训的基础技术，包括成人学习理论。

第 3 章　如何对受众进行系统、翔实的需求分析？

第 4 章　如何设计培训项目，包括媒体、材料的开发？

第 5 章　在培训过程中，如何运用互动使培训效果最佳？

第 6 章　如何进行培训课程的实施？如何从各方面都做好准备？

第 7 章　如何将培训课程实施得近乎完美？

第 8 章　如何对培训进行系统的评估和改进？

第 9 章　如何从一名普通的培训从业者成长为一名行业专家？

第 10 章　培训的未来在何方？如何将历史与未来进行无缝的结合？

第 11 章　如何处理较为特殊的培训情况？

从该书的内容结构可以看出，碧柯女士其实是想将整个培训行业的前前后后以及最基础的、堪称底线的理论和做法，都集中到一本小册子里面。但敬请读者注意，本书毕竟篇幅有限，同时也是一本初级的入门和普及书籍，这也就意味着本书的每个章节、练习、小贴士等的背后都有更多的理论和实践等待着我们去探讨、学习和借鉴。请和我们一起踏上学习之旅吧。

顾立民

前　言

我非常高兴能够有这样一个机会，写一本关于我自己非常喜欢的话题——培训的书，而且是为中国的培训从业者写的。虽然访问过中国很多次，但这并不足以使我成为一个“中国通”。然而，这些访问替我打开了一个窗口，给了我机会去了解如何与中国的培训从业者讨论培训的基本话题，以及我该如何帮助他们改进培训、确保结果并变得更优秀和卓越。

在中国，有很多培训与发展专业的同人参加了我在北京、上海、深圳和其他城市举办的工作坊，在每次的课程结束之后，我都深深地感觉到你们因为手中没有一本可以用来参考的书而带来的遗憾。这也就是我写本书的原因：为帮助那些在中国的培训业界辛勤耕耘的从业者并为他们提供一本可以参考的书。而恰恰是这些中国的培训从业者，是我很多灵感的来源。

在写作中，我一直把你们——中国的培训从业者放在心中并以你们为中心。为了达到此目的，我需要做到两点：第一，尽可能地将两种文化中的不同与中国培训从业者最关心的问题结合起来；第二，保持内容的完整性和正确性。完成此书之后，我感觉我做到了。我也希望你们能告诉我你们真实的想法。

我从事写作一向以尽可能地保持实操为目的，而且越实际越好。我希望读者不仅能够理解书中的理念，而且能把所学真正地落实到实践中去。本书的目的就是要帮助你学习如何让培训与发展在中国的企业环境中真正起作用。

书中有哪些内容

本书内容颇丰，甚至可以说有些信息过载，因为目的是帮助大家变得更加出色。如果你刚入行不久，你可能被书中繁多的内容压得喘不过气来。不要惊慌。培训与发展行业需要了解的专业知识太多，并不是说能够在别人面前讲话就是培训从业者或讲师了。上海改进管理咨询有限公司联合创始人顾立民说："培训是一个很受尊敬的行业，从业者必须是掌握培训专业知识的专家并拥有宝贵经验。"

如果你从业已经有几年时间，也同样可以从此书中收获一些东西。书中有很多小贴士可以使工作变得更加简单，可以让你的参与者在快乐中学习，并且提供了一些关于本行业未来的信息。这些都足以帮助你变得更加优秀和出色。

- **工具栏：**其中有一些小的话题，为你提供使概念落地的更多具体的办法。
- **快速小贴士：**1~2个短句子，为你提供一些使你的培训变得更加有趣、节省时间和个性化的方法。
- **本章提示：**结合各章内容，提供行动的注意事项和建议。
- **本章奖励活动：**每章后提供的你可以与你的参与者进行的一个小型课堂活动。我特地甄选了一些大家可能平常见得较少的活动，但这些活动都被证明非常有效。

- **检查单、评估及其他工具：**这些都包含在书中各个章节，随时可用。它们可以帮助你学习培训技巧、评估学员的需求，以及学习如何从头到尾组织一项培训。
- **阅读和资源：**在本书的最后。每章我都提供了一些书目，并将一些有中文版的书籍进行了标记。

本书并未就传统的讲师培训专辟章节。有关如何运用虚拟教学或经社交媒介实施培训的内容已经融入各章中。如此做是有目的的，因为本书的写作需要保证读者能够在学习之后将这些理念、知识和方法转化到自己的工作中去。我们需要一种整合式的解决方案。

如何阅读本书

你是一名培训从业者或者你正从其他行业转向培训行业，对你来讲，本书应该是条生命供给线。也许你没有闲暇阅读完整本书。告诉你一个好消息——每章都是独立存在的，适合独立阅读，因此你不必非得读完整本书。你甚至可以跳跃式地阅读。即便如此，有几个从头至尾都比较重要的事项，我想在这里强调一下：第一，保持专业的行为和做法，如一定比参与者早到，在教室门前热情问候每个参与者；第二，哲学信条和价值观层面的东西可以使你成为一名真正的培训从业者，包括参与者对你的重要性；第三，准备的重要性：准备至关重要，重要的事情说三遍。

当然，你可以从头至尾读完本书，你也可以选择阅读对你来讲最有用的章节。例如：

- 如果你刚刚入行，建议阅读第 1 章、第 2 章，以便为你打下基础。然后阅读第 11 章的第 1 部分，有关作为行业新人的一些诀窍。
- 如果你准备实施你的第一堂培训课，那么请阅读第 6 章（关于做好课前准备的最佳方法）及第 7 章（关于如何实施和引导培训课程）。

- 如果你准备设计培训项目，那么请阅读第 3 章、第 4 章和第 5 章，这三章将详细告诉你如何去做。另外，第 8 章也建议阅读，以便你找到评估和改进培训的方法。
- 如果你从业有一段时间了，是个行业“老人”，那么建议你阅读第 9 章，里面有一些讨论。
- 最后，如果你根本就不从事培训与发展行业，但你要就某个擅长的专业话题进行演讲，那么请先阅读第 7 章，然后是第 11 章，以掌握作为兼职培训师的技巧。

本书的内容涵盖了分析、设计、开发、实施和评估等方面，以帮助读者创建最佳的培训并填补存在于学员管理、实现组织目标和未来职业发展等之间的空白。无论你从哪里开始阅读本书，你都会找到相当落地的方法。所以，我的建议是，立刻开始翻阅！

我希望你能喜欢上这本书。更重要的是，我希望你能够作为培训从业者，与我一样，自得其乐并乐在其中。培训与发展本身就是一个了不起的行业，在中国，也许是最好的行业之一！

目　录

第 1 章

成功的培训专业人员的基础

优秀的组织因优秀的人才而存在。确保人才优秀是成功的培训专业人员的工作。近些年来在中国众多的优秀企业中，中国杰出的培训专业人员一直发挥着至关重要的作用。但中国的培训专业人员才刚刚意识到，这个羽翼未丰的行业将给整个国家带来千载难逢的机会。本章将介绍一些基础知识，界定成为一名出色的培训专业人员意味着什么——无论你生活在哪个地方。本章也将呈现中国这一最新行业之一所面临的挑战，以及这一行业带给你，即培训专业人员成为培训与发展专家的挑战。

培训打开一扇门

培训是一个令人兴奋的行业，能够涵盖世界各地、各个年龄段、各行各业的人。培训打开了大门，迎接新的机遇；培训打开了头脑，接受新鲜的概念和创新的想法。培训能够解决问题，为新人提供就业机会，为那些

需要方向的人提供指导，并且为那些绝望的人带来希望。培训可以鼓励人、激励人、启发人。如果你想为世界带来改变，成为一名培训专业人员是你的不二选择。

你一定要确保培训专业人员做正确的事情。中国是一个大国，是世界上人口最多的国家。说中国有很多人需要培训与发展，绝对是轻描淡写。

然而，培训与发展行业在中国仍处于初期阶段，许多培训专业人员都渴望中国的培训行业能赶上世界其他地区。快速的发展使中国缺少技术精湛、经验丰富的培训专业人员。无论是外资企业还是本地企业，都发现熟练的培训专业人员和人才发展管理人员供不应求。

我们担心中国赶超世界培训与发展领域还需要走多远，中国的培训专业人员还需要学习多少。或者，我们也可以从一个乐观的角度看待中国的现状。中国拥有一个绝佳的机会学习成人学习策略知识，根据组织需要调整学习解决方案。对于美国和世界其他地区的这一行业，在找到实施培训与发展最好的方法之前，我们一直在苦苦琢磨和探索；而中国的培训专业人员可以避免我们的错误，并且从一开始就可以以最有效的方法实施培训与发展项目。

另外，中国的职业培训与发展社区也正在快速壮大，这是日益积极的迹象。在过去的十年中，在世界第二大经济体运营的跨国公司纷纷转向发展中国员工的多重角色，而不再依赖对中国企业文化了解有限且成本较高的外籍员工。通常，这些组织把培训作为一种有效的方法，将高潜力员工培养成为重要的管理和发展角色。这些员工有机会承担重要的角色，并为在未来成为企业领导人做好准备。

那么，让我们来看看如何才能成为一名成功的培训专业人员。是的，我们需要掌握很多：如何推动培训，如何评估需求，如何评估结果，如何使培训与发展和组织需求相符，如何开展活动，如何使用移动学习及其他各种技能。在本书中，我们将涉及所有这些技能。那么现在，让我们从考察如何才能成为一名成功的培训专业人员开始。一名成功的培训专业人员拥有的习惯有哪些呢?

成功的培训专业人员的 16 种习惯

在任何行业中，最成功的人都拥有相似的习惯。这些习惯始于学习行为，并且随着时间的推移变成无意识和自动的行为。例如，优秀的培训专业人员可以意识到技能和行为如何影响整个组织。因此，当员工在其工作单位讨论某个问题时，培训专业人员能够马上想到超越该问题的更大方面，以及该问题对其他部门甚至整个组织可能造成的影响。这种能力来自经验的积累，以及与其他经历过这种状况的人的接触。综观全局，这种能力也要基于对组织文化的理解，以及了解各部门如何参与，部门负责人可能做何反应。

成功的培训专业人员对整个组织的工作了如指掌，并且明白如何定义成功。对于他们来说，从整个组织的角度看问题已经成为一种本能。成功的培训专业人员能够把握整个组织人的方面和任务的方面，并且寻找机会帮助组织识别、培养和保留人员，以及确保组织拥有成功所需的技能。

如果你想成为一名成功的培训专业人员，培养下面 16 种习惯会帮助你成功。

1. **保持兴奋度。**为了保持作为一名培训专业人员的有效性，我们必须保持某种兴奋度和兴趣度来展示我们热爱从事的工作。成功的培训专业人员早晨起床并不是为了“上班”，而是“出去玩”。即便如此，保持兴奋度有时候也很困难，特别是当我们需要一遍又一遍地重复同样的学习经验时。

2. **成为终身学习者。**终身学习者的概念并不新鲜，但寻找新的学习方法是比较新颖的。为了成为一名终身学习者，你最近有什么行动？北京智学明德国际领导力中心主任徐中说过，中国的所有一切发展都非常迅速。这意味着保持终身学习的状态是非常困难的。即便如此，你也必须不断学习，否则你就会落后。那么，你怎么能在这么短的时间内继续学习呢？参加虚拟的学习活动，参加供应商的课程，参加中国的《培训》杂志会议，出席 ATD 国际会议和展览或阅读最新的商业书籍。此外，可以考虑一下创造性的学习经历：寻找一个导师；跟着经理加深对其部门的了解；和你的孩子或邻居的孩子一起参观博物馆；参加某项新运动的课程；购买和阅读你从未读过的杂志；细读书店中不同书籍的章节；或者去一家玩具店，并且在那里玩，就像七岁的孩童一样。所有这些经历都将增加你的知识的广度，并且为你实施下一个培训活动提供实例。

3. **扩展网络。**网络是学习和成长为一名培训专业人员的最佳途径之一。与他人接触并了解他们的观点能够为你的工作和生活注入新的活力。专业协会可以为你提供可供联系的社交圈。下一次参加专业组织的会议时，请多带名片，以便与他人交换。和别人见面，约时间一起吃饭或喝茶，交流思想。你见到的每个人都可以为你点燃想法，如作为一名培训专业人员如何平衡生活和工作。扩展你的交际网络，不要仅仅局限于培训与发展领域。与其他部门、其他公司，以及其他行业的人保持联系，能够使你的培训工作保持一个全面的视角。

4. **成为最好的。**你的参与者和组织期望你成为该领域的领军人物。为自己制定标准，让自己不断成长、学习和完善。写下你的培训价值观以及作为一名培训专业人员你所坚信的东西。在你选择的领域取得证书或认证。ATD CPLP 是成为一名培训专业人员的一个很好的起点。ATD 目前在上海设有办事处。欲了解更多信息，你可以发电子邮件至 China@td.org。

5. **及时为自己补充能量。**卓越不仅意味着学习该领域一些新的东西，也需要保持健康。保证充足的睡眠，吃健康的食物，加强锻炼。研究表明，健康将对你的心情、精力、绩效都有极大的影响。因为人们依赖你，你的业务敏锐度和充足的能量是非常重要的。

6. **让别人觉得向你倾诉是安全的。**在培训课堂上或课堂之外，参与者可以安全地向你倾诉是非常重要的。参与者依赖你了解什么是最好的，如何处理棘手的事情以及从哪里寻找答案。如果你非常容易沟通并且能够为他们保密，他们会感到与你讲述自己最重要的问题和疑虑很安全。反过来，这也可以帮助你了解组织需求以及如何解决这些问题。

7. **尝试新的东西。**想方设法让每堂培训课都像第一堂课一样精彩。结合新的活动，做不同的事情（看电影并且提供爆米花），邀请演讲嘉宾或与同事合作讲课。在培训课上尝试一些新的东西，能够让你和参与者对培训保持新鲜感。“基于大脑的学习”的研究结果（将在第 2 章讨论）之一就是，令人兴奋的课程是取得更好的学习效果的基础。我们应该让每一节培训课都成为一次令人兴奋的体验！

8. **超越，考虑问题不要拘泥于培训工作。**预估你所在组织的学习和发展需求。不要等待你的上司要求你处理项目的细节，承担起自己应该做的并表明自己的想法。如果你有提高工作效率、帮助你的团队改善绩效以及为公司提供财务支持的想法，你的上司会想要听到更多。将你的想法通过计划的形式来展示，证明你已经有所准备，想法要具有创造性并且致力于不断改善。中粮培训中心副总经理刘菲表示：“中国的培训专业人员需要掌握关于业务需求的知识，这样他们才能更好地帮助参与者取得成功，并且有能力将培训课堂上学到的东西付诸实践。”“只知道培训内容”是远远不够的，培训专业人员需要知道为了组织的成功如何实施培训。

9. **做的工作要超过要求。**想办法让其他部门的人或者你的客户愿意与你合作。做的工作要超过期待或要求，即使你不能做出重大决策。不管你的公司让你做什么，你都可以超出预期地完成。已经过了下班时间，客户仍旧打来电话，你需要接电话，即使你想忽略这个电话，直接下班回家。当客户提出不寻常的要求时，看看你能做些什么来满足其要求，而不是回答：“对不起，我不能这样做。这是公司的规定。”每个人都会注意到你对工作、组织和客户的这份责任心。把这种行为放到你的日常工作中，你将被看作真正希望公司和各部门取得成功的培训专业人员。

10. **激励参与者。**我的职业生涯中最有意义的部分就是，参与者告诉我我在课堂上讲的某句话激励了他们，让他们的生活发生了重要变化。作为一名培训专业人员，我们应该激励参与者利用自己的才华做更多的事情。我们应该鼓励他们尝试新的东西。我们应该挖掘他们的潜能。我们应该激发他们对工作的热情。我们应该增加他们的自信和他们对公司的价值。

11. **卓越典范。**为了激励他们工作、释放他们的才华、激发他们的热情、增加他们的自信，我们必须成为典范。参与者通常会向我们寻求“正确的方式”。他们希望我们展示最好的方法。当然，我们不可能将一切都做到完美。但是，当我们犯错时，把它当作一次学习的机会。诚实地对待所有发生的事情，并且开放性地讨论这些事情。我们会因为诚实和坦率得到更多尊重。在培训课堂之外，也要做卓越典范。留出时间思考我们在做什么。留意我们的行动。我们会实践我们希望参与者做的事情吗？如果我们没有这样做，为什么没有做呢？我们需要将教学内容稍微做出改变吗？我们需要成为一个更好的典范吗？

12. **了解培训领域的发展趋势。**每个人都在谈论未来的趋势。无论是领导力过渡，还是关于建筑行业如何成为“绿色”产业，都是讨论的焦点。当前对培训行业有影响的一些趋势包括移动学习、游戏化和社交网络、多任务处理和局部关注、慕课（MOOCs）、增强的现实和全球化定制等。作为一名培训专业人员，我们需要对培训领域未来的趋势和发展保持关注。

13. **鼓励好奇心。**这个世界充满了信息，你可以利用大部分信息启发自己或参与者。我们可以在培训课堂内外鼓励这种寻找和利用信息的习惯。例如，当设计一个新的培训项目时，你可以在整个过程中鼓励大家发挥创意、提出问题并挑战你和你的设计。当别人质疑我们的工作时，我们的工作只会变得更好。

14. **愿意给参与者随时提供帮助。**参与者把我们当成随时都可以求助的人：查阅书籍、寻找资源、做推荐或做一个很好的聆听者等。不论原因是什么，从你忙碌的生活中抽出时间，以任何可能的方式提供帮助就可以了。解决参与者的问题可能不在你的工作职责之内，但这项工作对于成为一名能为世界带来改变的培训专业人员来说非常关键。

15. **为成为一名培训专业人员做好准备。**这与你随时可以为参与者提供帮助有关。参与者会向你寻求帮助。你有时有想法，但有时没有想法。通常参与者来时已经知道了答案，只是需要你来证实或引导他们思考一系列的问题。学习一些培训的技能，以保持你所点燃的知识火苗在参与者参加的培训课堂上燃烧。我们指导参与者的能力和意愿能够保证他们转化自己所学的知识，并且更快、更好地发展新的技能。

16. **提供诚实和坦率的反馈。**员工需要知道他们是否按组织期待的方式工作。他们感谢任何反馈，因为他们知道反馈可以促进工作改进。有时培训专业人员能够提供最佳反馈，因为他们不仅知道组织的预期是什么，而且知道如何提供反馈。如果你不是员工的直接上级，你可能被视为有价值的不带偏见的信息来源。

这是一个很长的清单！请记住，你无法通过阅读某本书或参加简单的培训就可以学到这些技能。这些技能必须经过不断学习和发展。我们需要学习基础知识，找到不断自我发展和学习的机会并践行良好的价值观和行为。最终，我们所习得的行为将变成无意识的和自动的。那时，你就会知道自己已经成功了。

有关中国商业的挑战和现实

中国有句俗语，“千军易得，一将难求”。在当今快速发展的中国，很容易招聘到几千人，但要找到合适的人来担任领导是很困难的。如果你正在阅读本书，你就很有可能成为那些被挑选出来担任将军角色的人。

学习你必须知道的东西

中国已经成为跨国公司重要的战略选择。你可能已经知道，这些跨国公司聘用和培训当地员工，对销售、市场营销、调研和人力资源等方面专业人才的需求不断增加。随着跨国公司不断平衡成本、效益，它们的优势已转移到发现、发展、保持并提拔当地人才上。

许多企业面临着中层管理人才的缺口。企业希望通过继任规划以及经过良好培训和开发的候选人队伍能够填补中高层职位。跨国公司和国内企业的竞争加剧增加了培养领导者任务的紧迫感。此外，因为发展是一种很好的保留人才的工具，所以企业正在创建一流的培训和领导力发展计划。

所有这一切都需要熟练的培训专业人员，这意味着你可能需要改进员工培训与发展计划。

学习如何使你的角色与企业利润保持一致

显然，培训专业人员在影响企业利润方面发挥着巨大的作用，首先是吸引与组织发展规划一致的优秀人才，并且提供高水平的培训。你可能会被要求协助制定培训与发展计划。你的角色也包括缩小企业在其聘请的员工身上发现的差距。在许多情况下，差距确实存在，因为中国经济增长的速度以及对西方企业实践有限的经验之间存在差距。而当企业员工从较低的职位晋升到中级和高级职位时，这些差距会更加明显。当前人才的差距包括以下内容。

- **熟悉跨国公司的文化。**从来没有去过雇主的国外办公场所，许多本地员工不熟悉企业文化和西方商业惯例，而这正是成为跨国公司的合格领导者所需要的。
- **精通作为商业语言的英语。**大多数到跨国公司工作的中国员工具备基本的英语语言技能，但很少有人精通英语，不能用英语讨论复杂的、微妙的问题。
- **人际交往能力。**商业行为准则和文化差异可能给中国管理者造成阻碍，如有效沟通、说服、创造变化以及与国际同行和客户合作方面。
- **战略性思维能力。**中国本土管理人员趋于年轻化并拥有较少的管理经验。他们也被认为具有有限的批判性思维和战略性思维能力。上海改进管理咨询有限公司联合创始人顾立民认为，这和中国的教育制度有关，中国的教育制度尊重权威，学习时强调死记硬背。他谈道："当我初到美国时，提高自己的独立思考能力是非常困难的，因为我没有在童年时期和成长岁月中受过战略性或批判性思维的训练。"当你被教育要服从并且作为一个集体思考问题时，独立思考是很困难的。此外，"批判性"这个词语在现代汉语中也包含一些负面含义，而在英语中不包含这些负面含义。

这些差距代表了四个关键发展机遇，这也是作为一名培训专业人员的你的工作的一部分。但是这会对企业利润造成什么影响呢？企业期望实现更多，不仅仅是通过投资培训来促进学习。企业希望员工的绩效有所改善，工作可以高效完成，也希望直接影响企业发展的员工敬业度有所提升，以便能够吸引和留住优秀人才。培训与发展影响企业利润，通过以下几个方面体现。

- 降低员工流动率。
- 提高客户满意度。
- 维持现有客户。
- 吸引新客户。
- 减少失误和返工。
- 节省时间。
- 减少开支。
- 增加销售。

建立你的信誉

无论你是一名培训专业人员还是外部供应商，建立信誉的方法有多种。下面列举了几种方法。

- **只承诺可以做到的。**你不能承诺你不能做到的事情。即使对客户说“不”是很困难的，必要的时候你也必须这样做。如果说“行”，就会出问题。
- **解决问题**。如果出现问题，不要找借口或指责别人。你必须履行所做的承诺。
- **预估客户的需求。**了解客户的需求，然后针对你将如何评估、设计、交付和评价实施解决方案，制订一个计划。
- **成为可靠的人。**兑现你的承诺是很重要的。你的客户想要知道，他们是否可以依靠你。

- **熟悉专业知识。**表明你具备实现目标的必要技能，增强客户的信心。
- **用客户的语言与他们交谈。**培训与发展行业有很多专业术语和缩略语。展示较大的词汇量或引入复杂的概念来证明你知道你所谈论的内容，将最有可能导致失败。
- **解决客户的问题。**人们都希望被听到和被理解。提出解决方案是你建立信誉的基础。

如果无法做到上面这些，那么你有可能会面临信誉危机。

创建你的角色

我们都经历过培训与发展。自出生那天起，你一直处于被培训中。如今，你已经发展成为一个知识渊博、技能熟练的成年人。而且你知道培训是关于学习、成长和变化的。培训是一个旨在帮助个人学习新知识、技能和态度（KSAs）的过程。

培训专业人员在每个行业及各类企业都是必要的，如教育、国有企业、跨国公司，以及小型和大型私人控股企业。同时，由于近年来不断增加的需求，越来越多的培训专业人员成为外部供应商。为什么需要培训的角色存在呢?

一种业务需求或要求

这是起点。有效的培训始于组织目标的明确（或创建）。这促使培训与发展部门为组织提供战略方针。业务需求的例子包括提高客户满意度、增加产品市场份额和提高产品质量。

工具栏：什么是 KSAs

你可能听过培训专业人员谈及 KSAs。KSAs 指的是学习的三种类型：

知识（Knowledge）、技能（Skill）和态度（Attitude）。美国培训专业人员经常将其缩写为KSAs。这三种学习类型背后的理论是布鲁姆的教育目标分类法（Bloom's Taxonomy）（更多信息可参见第2章）。

- **知识**（布鲁姆称其为认知学习）涉及智力技能的发展。实例包括理解会计原理、理解利率如何影响经济或知道如何出版书籍等。
- **技能**（布鲁姆称其为神经动作学习）是指物理运动和协调。实例包括使用3D打印机、操作挖土机、公开演讲、有效倾听或踢足球等。
- **态度**（布鲁姆称其为情感学习）是指如何应对事情的情感方面：情感、动机和热情。尽管态度不是“被教的”，培训却可以影响它。培训专业人员不能改变态度，但他们经常有机会去影响它。

了解三种类型的学习，意味着你需要使用不同的方法处理每种类型。我将在第4章介绍设计时深入讨论这个问题。

一种改进或改变绩效的需要

绩效通常与特定的工作和任务或工作内部的系列任务有关。这也是员工实现组织目标必须做到的。例如，如果提高质量是企业追求的目标，每个员工都必须知道采用什么样的程序以确保交付高质量的产品或服务。

快速小贴士

如果你是一名新培训专业人员，你最初的培训活动可能是一些教授知识和新技能的活动。这是传统的“培训”角色。然而，随着你的专业知识增长，你会被要求提供其他组织需要的许多解决方案。你会创造和提供正规和非正规学习、教师引导和自我导向学习、同步和异步电子化学习。你会在教室、网络及工作中实施这些教学。为了便于阅读本书，我们将把所有这些角色用传统的名称“培训专业人员”指代。

一种获取知识或学习新技能的需要

要想改变绩效，员工可能需要学习一些新的东西。这种学习可以采取多种形式，如辅导、课堂培训、基于计算机的培训、在职培训或自学等。

一种改变环境的需要

有时，员工可能拥有改进绩效所需的技能和知识，但环境的某些方面可能会阻止或不鼓励个人做出改变。例如，如果某个组织的目标是提高质量，但奖励制度侧重于数量而非质量，绩效就不会有较大改进。

培训专业人员需要提供解决所有这些方面问题的服务。

认识到培训是一项团队活动

本章介绍了你作为一名培训专业人员的角色基础。显然，培训并不是你一个人可以做到的事情。我们与客户一起规划和设计。你要考虑组织和团队成员的需求。你需要专业知识并依赖别人的专业知识。你将以这样或那样的方式支持你的组织中的每个人。培训是一项团队活动。

本章提示：成为最好的自己

本书介绍了为参与者提供最好的学习体验的基础知识。为了提供最好的服务，你必须成为最出色的，这要求对你本身的投资。在本书后面的章节中，我们将回到建构你的专业知识上，但现在首先从以下这些想法开始。

- **回顾 ATD 的能力模型，以确定成为一个熟练和有能力的培训专业人员所需要掌握的能力。**这个行业的广度和深度可能会令你大吃一惊。参见第 9 章，了解 ATD 的能力模型。
- **当你阅读本书时，创建个人培训价值陈述。**培训与发展他人不仅仅是一种职业，也是一门你如何看待生活以及如何帮助别人提高的哲学。个人价值陈述可以帮助你集中想法和信念——关于你所从事的事业以及如何从事这项事业。

- **创建个人发展计划。**虽然成为一名更好的培训专业人员应该包括你需要掌握的技能和知识，但它应该是整体性的，同样包括你如何实施个人发展计划。例如，你打算如何保持健康？你将如何成为一个更好的家庭成员？你将如何做以确保享受生活？与别人一起分享你的计划，并定期检查你是否取得了进步。
- **订阅你的客户（内部或外部）阅读的刊物。**与你的客户安排会面，讨论阅读过的文章，以及客户对于如何更好地支持他们的想法。
- **回想一下你的童年梦想。**当时你的梦想是什么？你实现你的梦想了吗？实现梦想永远不会太迟。

本章奖励活动
“自己动手”创造辅助工具

概述

通过“自己动手”创造辅助工具的形式，帮助参与者记住需要带入工作场所的技能和知识。

参与者

任何课堂、任何数量的参与者。

流程

1．与许多项目一样，当你自己动手时，你的记忆会更深刻。通过这种形式帮助参与者记住需要带入工作场所的技能和知识。

2．当课程结束时，要求每个参与者创造一个辅助工具。这可能是一个清单、提醒标志、工艺步骤列表、图片或任何东西，这将有助于他们记住，一旦返回工作中，他们需要做什么。

3．课程结束后，要求参与者告知小组其他人员他们第一次使用辅助工具的情况。

变化

你可能希望提供丰富多彩的标记、纸张、塑料板、自贴商标、贴纸或其他材料，以创造辅助工具。

实例

一位参加写作班的参与者创建了一个最容易被误用和拼写错误的单词列表。她声称创造辅助工具对于整个课程的成本支出是值得的。

第 2 章

理解培训的基本原则

本章从培训专业人员的角度出发，探讨了培训设计和交付的一些基础知识。首先要注意的是以参与者为中心。参与者是培训过程中最重要的部分，让参与者保持高度的注意力是整个培训过程中的重点。如果你已经记不住本书到底讲了什么，就请务必记住一句话：整个培训的重点就是参与者。中国和世界各地的许多培训专业人员都非常注重学习内容本身，他们常常努力构思完美的讲稿、优美动人的 PPT，但是他们忘记了自己作为培训专业人员的真正原因。

几个重要的概念将帮助你让参与者保持在培训的重要位置。在培训设计和交付中应用马尔科姆 · 诺尔斯（Malcom Knowles）的成人学习理论将帮助我们专注于参与者。布鲁姆的教育目标分类法和罗伯特 · 加涅（Robert Gagne）的“学习的条件”将使你更好地理解如何为参与者做计划。使用培训周期的五个步骤将提高我们的能力，用正确的方式为正确的人设计正确的培训计划。

这些主题为设计完美的培训计划提供了基本的原则。首先我们要揭示并消除最近流行的种种误区。

消除培训的误区

关于培训的种种误区非常普遍。我选取了最近的几个例子来加以说明。如果你刚刚加入培训行业，你可能会认为这些所谓的误区对成功非常重要或值得你投入关注。但是，只是因为在美国有人兴奋地讨论某个话题并不总是意味着这个话题值得你投入关注；同样，仅仅因为你听到了一些在哈佛大学或牛津大学有知名度的事情，这并不意味着这些事情比一些基本的原则更重要。新的研究往往是相对于一个具体的行业而言的。我在这里想确保你不会忘记培训最重要的是什么。

注：如果你是培训行业的新人，我建议你先阅读本书，当你对本书提出的概念熟悉了之后再回过头来重新阅读一遍。

误区：马尔科姆·诺尔斯的成人学习理论已经过时了，不再具有任何意义，尤其是针对在线学习和移动学习，所有其他提供给我们的技术都过时了

这是一个非常错误的观念。不管你是进行教室培训，还是进行在线培训，或者你正在帮助某个组织进行社会化学习或移动学习，马尔科姆·诺尔斯的成人学习理论对以上所有情况都是适用的。如果不考虑参与者的自我学习能力及其目标是否明确，如果不考虑在线学习课程的激励性、相关性和实践性，如果不考虑怎样根据参与者不同的知识储备能力来安排不同的课程，如果在在线学习的过程中你对参与者没有礼貌，以上这一切都会直接导致培训失败。马尔科姆·诺尔斯的成人学习理论简单实用，并且是你成为一名培训专业人员的基础。

误区：认知神经科学或“基于大脑的学习”是一个新的概念，它改变了培训专业人员的工作方式

“基于大脑的学习”肯定受到很多关注。期刊文章和会议演讲嘉宾让它听起来好像是新的研究，但它不是新的。在过去的200年里，“基于大脑的学习”就已经存在了。对于现在来说，新的知识“脑成像”（以一种无创的方式来查看大脑如何反应）已经变得更加精确，能够使我们更准确地识别大脑对各种刺激的反应。马尔科姆、霍华德·加德纳（Howard Gardner）、罗伯特·加涅，以及其他人的早期成人学习理论已经向我们说明了什么是最好的学习方法。今天，“思想、大脑和教育”项目在哈佛大学同时拥有硕士和博士学位授权。最近对“基于大脑的学习”的重视提醒我们使用策略提高大脑的学习能力，而不是仅仅用填鸭的方式让参与者死记硬背。你会发现“基于大脑的学习”过程强化了传统的培训实践。

工具栏：“基于大脑的学习”策略

最近的神经科学研究证实，已经引导我们几十年的成人学习理论是准确的。对“基于大脑的学习”兴趣的激增提醒我们，我们的工作在培训与发展行业有着巨大的影响。作为培训专业人员，我们可以有目的地实施一些让学习更加简单的策略，因为这些策略可以让参与者的大脑更加活跃。这些策略让我们去思考怎样才能帮助参与者学习得更加快速、高效，怎样把所学的内容都串联起来。

- **用视觉和声音来强化学习效果。**故事、图片及比喻都能增强记忆。在授课的过程中运用故事和比喻来强化学习内容。可以在幻灯片和材料中使用图片。
- **参与对学习来说最重要。**融入课堂，或者讨论、写作都能提高学习效率。这些参与将参与者的注意力集中在学习的内容上面。准备课程的时候，将授课方式变成讨论，这样可以使参与者都参与进来，以便他们学到更多的东西。
- **将学习内容碎片化。**因为我们的大脑没有办法在短时间内记住太多的东西，所以应该将内容切分开来。我们曾经认为，七个信息块是我们大脑可以接收的正常数量，但新的研究表明两到四个信息块更加合适。大脑的海马体接收信息的能力有限，而消除信息的速度很快。试想一下，大脑的这部分就像一个装信息的盒子，应该在学习更多的东西之前熟练掌握已经装入的信息。

- **运动在认知方面促进我们的学习。**课间休息是很重要的。像跑步或简单的接力赛之类的体育活动会促进我们的学习。

- **立即应用学到的知识。**将刚刚学到的知识转换成长期的记忆需要对这些新知识加以应用，这个理论被称为塑形理论。新知识的应用可以让这些知识长久地储存在大脑中。如果没有应用，由于大脑对没有应用的新信息的清除，这些知识就会流失。在发起一个培训项目之前，你一定要确保培训专业人员能够将参与者的新知识立即应用于实践。

- **令人兴奋的课程是高效学习的基础**。丰富你的学习环境，让它更具有对比性、新颖性和创造性。刺激参与者的五种感官。你的授课不只是陈述内容。你还必须确保你的参与者致力于应用他们学到的知识。你必须向参与者灌输信心，在工作中改进他们的绩效。

- **每个人都能很好地学习。**曾经有观点认为年龄是学习的最大敌人。如今研究人员发现任何年龄阶段的人都能有效地学习和记忆新知识。教会参与者怎样学习、怎样找到答案、怎样掌握知识是我们生活的一部分。

请注意，我们这里并没有说培训专业人员就是专家或权威。“基于大脑的学习”策略主要关注大脑是怎样工作的，即怎样才能帮助参与者更好、更快地掌握知识、牢记知识。

误区：案例是学习的最佳方式

我在中国教授课程时，中国参与者常常会让我举例子。起初，这个现象让我非常困惑。但随着我对中国文化了解的慢慢深入，我终于明白了这个现象的原因。

- 张玉珍，中国石化胜利培训学院院长

  “对于高级别的管理者来说，案例学习在决策拟定、商业模式或金融管理课程中都是非常适合的。因为中国缺少自己的案例，所以中国人很难理解解决问题的工具。”
- 陆洋，《培训专业人员的七门必修课程》作者

  “‘案例’实际上类似于主题。此外，许多参与者希望确保他们的培训不只是纯粹的理论，他们将得到有关其工作或生活的例子。”
- 帕梅拉·吴，美国迪尔公司（中国）区域领导力发展经理

  “中国人认为，案例可以帮助他们更好地了解理论的实践应用。”
- 威廉·周，“领导力”高级培训师

  “中国哲学认为，学习理论知识是简单的，但实践是困难的。不管是参与者还是培训师都希望在学习完后对所学的知识进行应用。”
- 周志明，石油化工管理干部学院院长

  “案例研究是培训方法之一。该方法必须满足特定的培训需求。”

以上专家的意见都是正确的。案例学习对于掌握知识来说很重要，但它并不是最佳方式。培训方式必须与理论契合。关于这点你将在第 4 章中具体读到。所有优秀的培训专业人员都应该使用案例和故事来确保学习真正发生。

误区：翻转课堂是一个新概念

这个观点也不完全正确。翻转课堂从诞生至今已经有一段时间了。只不过翻转课堂没有被形式化并被赋予一个具体的名字。翻转课堂与培训不同的是，翻转课堂需要学生在课前完成自主学习，家庭作业是在课后完成的，在课后同学们可以寻求老师的帮助或相互帮助完成作业。但是，你注意到那些教学词语（学生、教师、教室、家庭作业、授课）没有？这是因为翻转课堂是由两个教师而不是培训专业人员创造的。你可能已经注意到了，优秀的培训专业人员是不用如学生、老师、教室及家庭作业之类

的词语的。作为一名培训专业人员，我们应该参与设计活动，而不只是授课。

虽然有诸如以上的这些评论，但翻转课堂是一个有用的工具。培训专业人员可以运用翻转课堂的概念，要求参与者在培训课前完成阅读、评估或访谈，这样他们就有了学习的基础。翻转课堂可以使培训专业人员在培训之前做好记录工作，而参与者可以在培训之前下载并了解培训材料。这样培训专业人员就节省了时间，在面对面授课的过程中就可以加入更多的互动活动。如果你是一名培训专业人员，一定要确保给自己运用翻转课堂的机会。

误区：ADDIE 已过时且太烦琐、太死板，毫无用处

也许这是我们的职业。也许我们需要一个权威。也许这是人类炒作的天性使然。比起接受一个好的东西，我们更喜欢抛弃这个东西，而创作出一个新的东西。这对于一个试图了解自己行业的各个方面（包括缩略语和术语）的新培训专业人员来说无疑是一个巨大的困惑。你可能已经听说过 ADDIE 与 Agile（敏捷）和 SAM（Successive Approximation Model）之间的争辩。ADDIE 是一个培训模型的缩写：分析（Analyze）、设计（Design）、开发（Develop）、实施（Implement）和评估（Evaluate）。Agile 是高效管理团队和项目的方法的统称，它最初被运用在 IT 行业，但现在它的许多元素都被转移到培训课程中了。SAM 是一个迭代设计模型，需要在每一步都进行评估。我建议你坚持使用 ADDIE。下面我来给你讲讲原因。ADDIE 产生于 1970 年左右，一些培训专家认为它已经过时了，而且对于实践应用来说太死板了。我是一个自学成才的培训专业人员，我的职业生涯中一直在使用 ADDIE。从来没有人跟我说过 ADDIE 太死板了，所以我一直使用它，让它变成我的工具，根据需要进行调整。

Agile 的优势是它允许你分享你的样本和原型，它还可以让你立刻与客户分享初始意见，让你在使用过程中进行调整。这些我在 ADDIE 中也同样可以做。从来没有人告诉我不能在 ADDIE 中这样做！所以我从工作的初期

就一直这样与我的客户互动。是的，ADDIE 当然是传统的方法，它有许多详细的步骤，这点可能会让人感到有负担。其他模型声称更具有迭代性，能进行较少的分析并产生一个更快的设计。放开手脚，探索不同的选择。每种工具都有其优点和缺点。然而，我建议你使用 ADDIE。

关于成人与学习的解释

你是一个成人，你一直在学习。回想过去的两个月，你学到了什么？为什么？在一张纸上列出两个或三个学习体验，或者在你的平板电脑上输入它们。记住你学到的东西，以及你为什么学这个东西。你可以使用以下这种格式。

我学到了：__________________________________

因为：_____________________________________

你学到了什么？当你的汽车轮胎漏气时，你是否需要学习如何换轮胎？当你的主管要求你准备一个关于“你的部门如何使用移动学习”的计划时，你是否需要进行研究以了解更多？如果你的朋友打高尔夫，那你是否也想学打高尔夫？如果你的邻居能烤美味的面包，你是否也想学习烤面包的秘诀？这些例子表明，作为一个成人，几乎所有你想学习的东西都根植于你的欲望。你要么需要学习以便解决实际问题，要么需要学习一些东西来满足你自己。

回头再看看你的例子。你从“为什么你要学习”这个问题中发现了什么没有？一般而言，你会发现你学到了一些东西，那是因为你需要或想要学习它。这一点是不同于在学校学习的孩子们的，这些孩子们需要学习一些东西，并且用这些学到的东西去准备下一个阶段的学习。例如，作为孩子，你学会了从 1 数到 10，那么当你开始上学的时候，你就可以学习加法，学会加法之后你就可以学习乘法和除法。之后在这些知识的基础上你就可以学习代数、几何和微积分了。

对成人学习理论的理解

马尔科姆·诺尔斯被认为是美国的成人学习理论之父，他使“成人教育学”（Andragogy）成为一个流行词。“成人教育学”描述了成人如何学习以达到知识的增长。他于 1973 年出版了《成人学员：一个被忽视的群体》（*The Adult Learner: A Neglected Species*）一书，实现了将成人学习话题从理论阐述到实践应用的过渡。

诺尔斯的成人学习理论在社会上引起了共鸣，对培训专业人员而言具有深刻、基础的意义。

- **成人具有自我激励和自我指导的特征。**在花费时间学习一个东西之前，成人需要知道为什么要学习这个东西。作为培训专业人员，我们必须确保参与者尽可能早知道他们的培训目标。参与者需要知道这些信息或内容是如何影响他们的，为什么他们应该关注这些信息或内容。
- **成人的目标很明确。**每当成人进入学习状态时，他们都会附带“自我指导”“要像成人一样负责任”等自我约束概念。因此，作为培训专业人员，我们必须帮助成人识别他们的需求，并且指导他们自己的学习体验。
- **成人经常把自己的生活经验和知识带入学习的过程中。**当成人学习的时候，他们经常把自己丰富的生活经验带入学习中来。如果培训专业人员能够运用成人难得的生活经验帮助他们进行学习的话，那么这个培训专业人员将非常成功。
- **成人更喜欢有相关性的东西。**成人随时准备学习一些能够有效帮助他们应付日常生活的新东西。如果培训能够直接涉及一些成人需要经常应付的难题的话，那么培训将非常有效。

- **成人的实践性很强。**成人常常愿意将自己的精力投入一些他认为会帮助自己解决问题的事情当中去。如果培训专业人员能够注意到成人的这些需求和兴趣，并根据这些需求和兴趣有目的地规划一些培训内容，那么对成人将非常有益。
- **成人需要得到尊重。**成人更加看重的是内部的激励因素，相对于外部的激励因素（如高工资），他们更倾向于自信心的提升。通过构建一个安全的学习环境，培训专业人员可以确保像缺失自信心和缺少时间等障碍不会妨碍内部激励因素。

成人学习理论的应用

诺尔斯的成人学习理论假设每个成人学员在学习开始之前都会问自己一些问题。

1. 我为什么需要知道这个？
2. 我是否可以自我选择，或者你（培训专业人员）能否帮助我重温我小学时候的记忆？
3. 我为什么在这里？她为什么在这里？你认为你能教我什么？
4. 这将如何简化我的生活？这将如何使我的工作更容易？
5. 我想学这个吗？它将如何帮助我？
6. 我为什么要学这个？我能接受这样的信息吗？如果不能，为什么？

理论很经典，但如何去运用这些理论才是最重要的。为了能够熟练掌握这些理论并随心所欲地运用，作为培训专业人员，成人学习理论应该是你的基础知识的一部分。你应该仔细想一下如何将诺尔斯的理论运用到你的课程设计和实施过程中。

考虑以下这些问题。

1. **“我为什么需要知道这个？”**成人需要知道为什么在学习活动中投入宝贵时间学习一些东西。

课程设计

- 在课程开始时计划时间，这样可以很好地确定课程的培训目标；
- 及时回答参与者需要知道的问题；
- 时刻准备回答有关组织的一些别有用心的问题；
- 确保培训目标是明确的并针对参与者的学习目标；
- 决定课程是否需要一个期望列表；
- 设计一个自我评估系统。

课程实施

- 把目标写在活动挂图上并将其贴在墙上；
- 如果需要，给予参与者时间释放压力；
- 时刻准备回答“我的老板应该来学这门课程”等类似的问题；
- 将学习内容与参与者的工作和可能面临的特殊问题相联系；
- 鼓励参与者提问。

2. **“我是否可以自我选择，或者你（培训专业人员）能否帮助我重温我小学时候的记忆？”**成人带着自我意识（如自我导向、要像成人一样负责任等概念）进入学习状态。

课程设计

- 允许参与者独自或在安全的小组中获得自我评估的结果；
- 在材料中不要出现与“学校”相关的词语，例如，不要用学生、老师、课本、教育、答题卡、年级、测验、课桌和教师等词语，不要用任何能够让参与者想起学校生活的词语；
- 设计一个“好主意白板”，在白板上参与者可以写上能够帮助别的参与者的书的名字或想法。

课程实施

- 用热情的问候和早晨饮品欢迎参与者的加入；
- 跟参与者说，他们可以站起来，四处走动，喝点东西，或者做任何能让他们感到舒服的事；
- 让参与者明白在课堂上鼓励问问题；
- 允许参与者制定自己的规则；
- 在提供案例之前，领导参与者自己学习。

3. **“我为什么在这里？她为什么在这里？你认为你能教我什么？”**成人经常会把自己的生活经验和知识带入学习的过程中。

课程设计

- 在课程之前采访参与者，确定参与者典型的专业知识和经验。
- 如果某些事情发生了改变，要找出让参与者“放开”的方法，鼓励他们放弃旧的，接受新的，有时日志或自我引导可以解决这个问题；
- 及时进行讨论；
- 设计一个破冰环节让参与者相互了解，并且让他们知道他们需要贡献什么。

课程实施

- 允许参与者增加学习目标；
- 使用“互相教学”，即参与者运用之前学习的内容和学习的方式相互讲授；
- 允许不同的意见存在；
- 如果在课程讲授中每个人都能理解培训内容，那么加快速度。如果大多数人不理解，那么重复这些内容。如果有些人知道，有些人不知道，那就让参与者中知道的人来帮助大家理解，这种方法对每个人都有好处。

4. **“这将如何简化我的生活？这将如何使我的工作更容易？”**成人随时都准备学习一些能够有效帮助他们应付日常生活的东西。

课程设计

- 列出在工作中参与者可能遇到的问题；
- 开发个案研究、关键性事件和角色扮演，把重点放在真正的工作问题上；
- 在设计课程之前与参与者进行面谈，以获得具体的例子。

课程实施

- 给予参与者一定的时间，让他们询问关于怎样实施的问题；
- 在课间、吃饭的时候，或者课程结束后同参与者单独讨论一下特殊的情况；
- 允许参与者思考这些原则怎样简化了他的生活，让他的生活更加简单；
- 拒绝吹嘘，建立你自己的信誉，告诉别人“我想帮助你”。

5. “**我想学这个吗？它将如何帮助我？**”成人常常愿意将自己的精力投入那些他认为会帮助自己解决问题的事情当中去。

课程设计

- 构建问题解决机制，让参与者能够提出自己需要解决的问题；
- 给参与者自我反思的时间，让参与者可以修正自己的思维过程或让教学材料适应自己的情况；
- 设计体验式学习方案，搞清楚为什么参与者可能想要或需要投入时间来学习。

课程实施

- 将自己作为榜样，告诉参与者你为什么想要或需要学习这些知识；
- 找一张白纸或一个白板，让参与者将自己的问题和想法都写在上面。很多人把白纸或白板称为“停车场”，因为他们可以把自己的问题暂时“停”在白纸或白板上。

6. “**我为什么要学这个？我能接受这样的信息吗？如果不能，为什么？**”成人更加看重内部激励因素，相对于外部激励因素（如高工资），他们更倾向于自信心的提升。

课程设计

- 策划活动，帮助参与者探索自己的动机；日志或小组讨论可能是有用的；
- 如果知道如何融入更大的计划和组织，参与者可能存在内部动机；
- 寻找帮助参与者探索个人成长和发展的方式。

课程实施

- 创造一个安全的学习场所，让参与者能够轻松自在；
- 一对一地了解所有参与者；
- 承认经验丰富的重要性；
- 把参与者视为工作中平等的同事。

想想你能做什么来解决你的参与者的问题。将你的想法写入表 2-1 中。

表 2-1　与成人学习理论配套的方法

问　　题	课程设计	课程实施
1．我为什么需要知道这个		
2．我是否可以自我选择，或者你（培训专业人员）能否帮助我重温我小学时候的记忆		
3．我为什么在这里？她为什么在这里？你认为你能教我什么		
4．这将如何简化我的生活？这将如何使我的工作更容易		
5．我想学这个吗？它将如何帮助我		
6. 我为什么要学这个？我能接受这样的信息吗？如果不能，为什么		

进入培训行业的重要基础

很多人为培训行业的发展奠定了基础。重复他们的理论远不如把他们的理论应用于培训与发展的实践来得重要。

布鲁姆的教育目标分类法

在 20 世纪 60 年代早期，本杰明·布鲁姆（Benjamin Bloom）和大学委员会确定了三种学习领域：认知领域、动作领域、情感领域。这些术语似乎有点抽象。用不那么抽象的术语通常可以表述为：知识（认知领域）、技能（动作领域）、态度（情感领域）或 KSAs，这通常用来描述学习的三种类型。

你可以把这些作为培训的最终目标：参与者获得培训结果。

布鲁姆的团队进一步扩大了这个领域。他们将在认知上和效果上的学习结果按分层序列法进行分类，从最简单到最复杂：知识、理解、应用、分析、综合、评估，共六个层级。每个层级都建立在前一个层级的基础知识之上。例如，知识必须发生在理解之前，而理解必须发生在应用之前。每个层级的学习都确定了一个特殊的、可以观察的和可以衡量的结果。

这个就被称为“布鲁姆教育目标分类法”。这个分类并不完全绝对，很多别的系统和分类也是从这里发展而来的。布鲁姆教育目标分类法是最容易被人理解的，而且运用最广泛。表 2-2 很好地解释了这一分类法。

表 2-2　布鲁姆教育目标分类法

层　级	技　能	举　例
知识	界定、列出、命名、复习、重复知识或信息	说出布鲁姆教育目标分类法的六个层级
理解	用自己的话翻译、描写和解释信息	解释布鲁姆教育目标分类法的六个层级
应用	在新形势下应用、展示和使用知识	应用布鲁姆的理论写出学习目标
分析	分析、比较、研究知识并将其碎片化	比较和对比布鲁姆教育目标分类法的不同方面

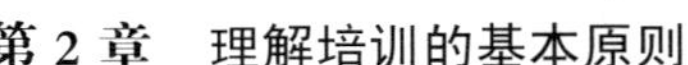

续表

层　　级	技　　能	举　　例
综合	将部分重新安排、创建、计划，准备生成一个新的整体	设计一个新的学习模型
评估	基于知识评价、评估、判断信息	评估和保持布鲁姆教育目标分类法的优势

加涅的学习条件

罗伯特·加涅和他的“学习条件”为我们提供了作为培训专业人员必须了解的基本概念。加涅拟定了九个学习条件。将这些学习条件运用在培训中将有助于确保学习真正发生。

1. 获得参与者的注意力。

2. 分享学习目标。

3. 要求参与者回忆以前的学习。

4. 交付内容。

5. 利用各种方法提高认识能力，如案例研究、测试及画图。

6. 为实践提供机会。

7. 提供反馈。

8. 评估绩效。

9. 提供辅助工具或参考资料以确保将学习转移到工作中。

如果你在培训行业已有一段时间，你会发现这些学习条件都是很普通的活动，而且是任何培训项目的一部分。如果你是培训行业的新手，为了

保证你的培训活动更加有效，请将这些活动加入你的计划中去。

了解培训周期

培训周期，通常被称为教学系统设计（Instructional System Design，ISD），是培训专业人员设计和进行培训的首要环节。ISD 最初服务于美国军方，用来提高培训项目的有效性。目前正在使用的 ISD 大约有 100 种不同的模型，最广为人知的是 ADDIE 模型。ADDIE 模型包括设计和实施培训的五个必备的步骤。

- 分析；
- 设计；
- 开发；
- 实施；
- 评估。

在培训的循环模型中我们要牢记这五个步骤，这五个步骤可以不断地提醒我们要不断改进工作（见图 2-1）。在实施培训周期的时候记住诺尔斯的成人学习理论同样重要。

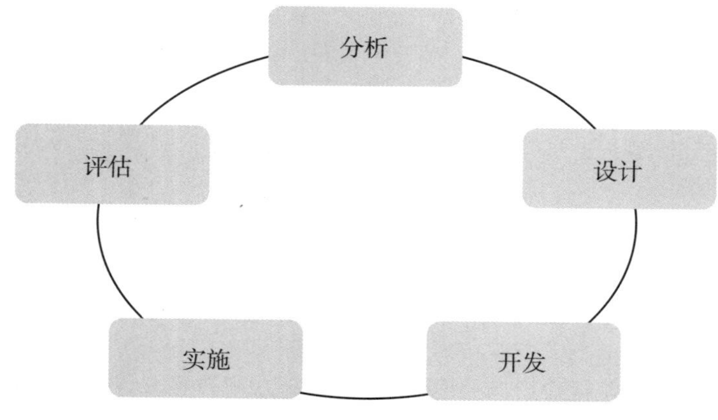

图 2-1　ADDIE 模型

培训周期开始于分析。评估是这个周期的最后一个步骤，但你在评估过程中学习到的东西也要放入分析中，这样可以确定培训是不是最好的，然后重新开始一个新的周期。培训周期非常实用，不管你的设计是从头开始，还是从某一个步骤开始，都能进入这个周期中。下面让我们更详细地检查每个步骤，然后界定在每个步骤中你需要完成的事情。

分析

培训周期的第一个步骤就是分析——ADDIE 的第一个字母 A。通常来说，你需要评估和分析数据，以确定具体的需求。完成评估和分析有两个主要原因。

首先，你要确保进行培训的理由是存在的。在进行分析之后，你可能会发现有些相关问题的解决根本不需要培训。比如，你可能能够提供在职辅导，其在线内容可以同步或异步交付，或者本公司通讯中的一篇文章就能向员工传递所需信息。

其次，如果你确定了进行培训是必要的，分析将告诉你培训课程应该涵盖哪些内容。它有助于确定你的培训目标。

你可以通过多种方式进行分析。例如，你可以使用正式的工具来衡量一个人的技能或知识水平。你也可以使用调查问卷或个人访谈的形式访问员工或主管。如果确定使用访谈的形式，你可以挨个地访谈每个人，或者访谈一个小组。评估的另一种方式是观察员工工作或抽取一个工作样本。你也可以使用已经存在的记录或报告。

收集这些数据的目的是确定工作要求和个人的实际技能或知识之间的差距。最重要的是确定是什么阻碍了所期望绩效的产生。你可以在培训周期的下一个阶段使用这些信息。

设计

在确定了一个合理的培训需求之后，你的下一步就是要明确你想从培训中得到什么，这可以通过设定目标来实现。在培训中通常有两种不同的目标。

- **学习或绩效目标：**这是一份绩效声明，这份声明表明了培训结束后需要达到的效果。无论你认为参与者是学习还是实现目标，都没有关系，只要你意识到这份声明的目的是证明参与者已经学到了东西并能实施。他们做出了哪些行为改变？学习目标是根据你在分析过程中所得到的信息而确定的。比如，在培训课程的最后阶段，"参与者能够设计出聚焦参与的学习活动"。
- **培训目标：**这是一份关于培训师希望在培训课程中完成什么的声明。这可能是一个结果，或者是关于培训师计划做什么来完成学习目标的描述。例如，"此次培训课程将创造一个积极的学习氛围，鼓励参与者积极参与并提出问题"。

有些培训专业人员将学习目标和培训目标都包含在自己的设计中。每个良好的培训设计中都应包含学习目标。培训目标帮助培训专业人员通过设定目标聚焦于设计和交付一流的培训项目。

在培训课程的开始阶段参与者被告知学习目标。同时，他们会被告知关于培训项目本身的一些事情。但等一下，我已经超前了。我还没有开始"开发"那一步！这是培训周期的下一个阶段。

开发

在确定目标之后，你就可以开始"开发"这个步骤了。这是我最喜欢的步骤。你要决定自己需要做什么来完成你所设定的目标。在开发步骤有很多事情需要考虑。

如果你还没有决定好什么形式的内容讲授将达到最佳效果：现场教学、虚拟教学、自主电子化学习、绩效支持工具、自学或混合式学习等（参见工具栏“电子化学习设计与开发”），下面这些问题将有助于你做出决定。

- 有多少参与者需要新的知识和/或技能？
- 参与者的位置在哪里？
- 需要多少时间？
- 在内容交付中，需要多少一致性？
- 什么时候需要培训？
- 每个班有多少人参加？
- 需要什么级别的培训专业人员？

工具栏：电子化学习设计与开发

迈克尔·艾伦（Michael Allen）、朱莉·德克森（Julie Dirksen）、克拉克·奎因（Clark Quinn）和维尔·塔尔海默（Will Thalheimer）（我认为这些人是电子化学习的精英）曾发表过一份声明，表明他们所认为的最好的电子化学习开发的原则，他们将其称为“电子化学习的严肃宣言”（更多信息请参见 http://elearningmanifesto.org/）。该宣言集中讨论了一些核心原则。这是一份关于卓越学习的很好的基础清单：

- 聚焦绩效；
- 对参与者有意义；
- 参与驱动；
- 真实语境；
- 现实的决定；
- 个性化挑战；
- 分隔练习；
- 现实世界的结果。

宣言中的其他支持原则提供了更多关于如何实现这些想法的细节。“电子化学习的严肃宣言”是可用的在线免费资源，拥有开放的知识共享许可，所以你可以在任何形式下寻求它的帮助。

你还要决定是否需要开发培训内容。由于可用的产品有成千上万种，你可能决定购买预先设计好的现成内容，然后对它进行修改。不管你是自己设计还是购买，都需要时刻考虑你的参与者及最好的培训技巧，怎样提供实践的机会，什么样的培训更有意义，参与者怎么应用所学的知识，培训怎么提高绩效，怎么让培训更有创造性，怎么确保培训目标的实现。培训内容还应包括确保参与者将学到的知识运用到实践工作中，以及评估培训项目有效性的方法。

如果你自己设计培训内容，你将面临的一个大任务就是开发学习材料。参与者需要什么样的学习材料？你会用什么视听材料和设备？如果课程是在线的,你需要什么技术支持？你的参与者是否需要辅助工具——无论纸质的或在线的？虽然这一步骤让人兴奋，但也让人疲惫。

实施

在培训周期的这个步骤，你实际上是在实施培训项目。培训专业人员在项目实施之前要完成大量的准备工作。然而，即使你准备得非常充分，也不能保证你的培训项目没有任何问题。鉴于此，在正式实施培训项目之前，一些培训专业人员会组织一个类参与者小组并为其提供一个前期的学习项目，然后这些参与者对培训项目进行反馈。

你可以在传统教室和虚拟教室里授课并进行课程讨论。我们将在整本书里面讨论有关技能。作为一名培训专业人员，你既是授课老师，也是组织课堂讨论的引导者。

- 授课老师会提供更多的信息，如果大部分信息是新的或技术性的，你可能需要进行解释说明，然而，最好的角色是作为课堂的引导者；
- 课堂的引导者是催化剂，确保参与者的参与，一个好的培训专业人员通常是“引导者”的同义词。

优秀的授课技能是必备的，不管你是在虚拟教室还是在传统教室授课。

当进行培训的时候，你总是会不自觉地注意参与者，查看他们的反应，想知道你是否符合他们的要求。如果一种方法不合适，那么就换另一种方法。如果这样做对参与者更有帮助，不要害怕偏离教程。在讲台上，授课和引导讨论的技能都是必需的。

评估

当授课结束时，培训还没有结束。评估是培训周期的重要组成部分，这基于以下三个原因。

1. 评估将告诉你培训目标是否完成。

2. 在评估中获得的信息将被用在培训周期的分析步骤中，以改进培训项目并被再次实施。这就是为什么 ADDIE 模型是循环的。

3. 评估信息是确定未来项目的基础，或者是组织可能需要的其他变更的基础。

现在这个循环周期已经完成，下一个循环又开始了。从第 3 章开始，我们将深入讨论这个循环周期的每个步骤。

本章提示：吸引成人学员的注意力

我和中国的培训专业人员有一段美好的工作时光。如果中国的培训专业人员更加注重成人如何学习并做出一些改变，那么这将带来更大的不同。中国有一些伟大的演说家，但成人并没有从这些人的课程中得到很多收获。以下这些想法会让你更加注重成人如何学习。

- **回顾你目前所提供的培训课程。**思考你如何将更多的成人学习理论融入你的培训课程中，你如何改进你的授课方式或设计你的培训项目。

用表 2-1 捕捉你的想法。

- **与你的主管讨论，并且告诉他一些关于改变目前培训项目的想法。**
- **阅读马尔科姆·诺尔斯的著作《成人学员：一个被忽视的群体》。**这本书对培训的影响巨大，因为它为培训提供了一个哲学基础。
- **开发你个人的成人学习理论。**如何将你的理论应用到当前的工作中？如何改变你的培训设计和培训实施？你的理论是否与诺尔斯的假设一致？你的理论有什么不同？你的参与者将如何回应你的理论？
- **回顾“基于大脑的学习”策略。**选择其中一个策略并在接下来的几周给予关注。你将做出什么改变？一旦你做出了改变，观察这个改变对你的参与者的影响，以及对你自己和培训结果的影响。

快速小贴士

如果你想实现目标，心中从始至终都要想着目标。在这种情况下，从评估步骤开始，你想实现什么样的目标？你的利益相关者所期望的是什么？学习如何促进组织目标的实现？成功是什么样子的？当你从分析步骤开始你的设计时将评估作为你思维过程的一部分。

本章奖励活动

创建一条时间轴

概述

用一条时间轴向小组展示历史或事实。

参与者

没有特殊的要求，任何数量的参与者。

流程

1. 创建一张以 10 年（1960s，1970s，1980s，1990s，2000s，2010s）为单位的挂图并将其贴在墙上。

2. 制作卡片或便条，每个上面写一个重大事件。使用人们需要知道的关键事实，如公司收购和产品信息等。

3. 每年都要有相应描述，每个事件和时间点都要有记录。

4. 将卡片分给小组成员，让他们在卡片上相应的年份上填写正确的事件。

5. 修正信息。

6. 请志愿者将信息呈现给大家。

汇报

- 在整个培训过程中什么最让你吃惊？
- 知道这些日期对你做事会有怎样的影响？

变化

- 请参与者将照片或报纸上的图片贴到时间轴上面。这项活动可以以小组的形式来完成。
- 你可能希望在挂图上使用胶水，这样可以粘贴更多卡片和便条。
- 时间轴也可以在计算机上获得。

实例

● 我在一个城市学校系统中使用了此项活动，以便检查培训是否成功，问题是否得到解决。参与者被要求带上照片、报纸文章或其他物品来分享记忆。

第 3 章

分析和评估参与者的需求

本章将展示培训周期的第一个步骤：分析（见图 3-1）。在分析之前，你需要通过某些评估表或其他数据收集过程收集数据。

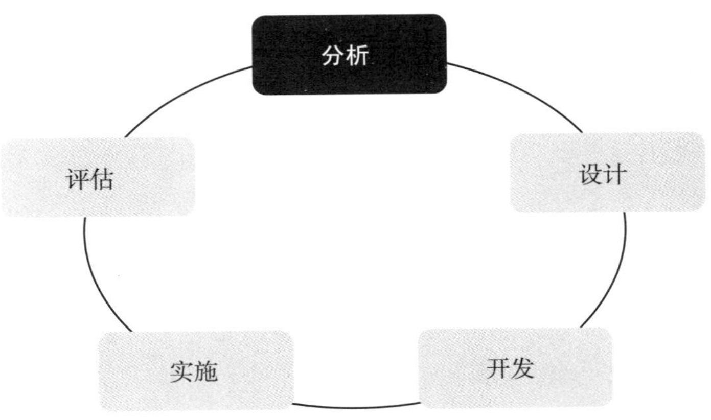

图 3-1 培训周期

ADDIE 模型的分析步骤明确了培训必须解决的企业目标和绩效差距。

石化管理干部学院院长周志明提醒培训师："这是他们需要为组织做的最重要的事情。"他进一步指出："一旦分析完成，创建可操作性强的学习是非常关键的。"在这个步骤中，你也需要确认有关参与者、工作环境、支持或阻碍学习的限制因素等信息。

这些相关信息包括可用的预算、时间的可控性、参与者位置，或者可能会对进程造成影响的其他因素。在确认参与者需求后，你应该开发学习目标。

评估的现实性

非正式的文献回顾表明，分析和评估是中国培训领域需要提升的两大培训设计部分。大多数培训专业人员在工作中发展技术技能，很多人没有一线业务经验。在中国，极少数培训专业人员拥有正式的培训机会学习专业培训师的技能。我以前合作过的一些组织声称，它们缺乏受过专业训练的培训与发展专家并将其作为一个巨大的挑战。

尽管培训专业人员的技能差距在不断缩小，但过去相关专业知识的缺乏也意味着目前中国企业缺乏继续向前推进的坚实基础。许多中国企业已经认识到企业目标和绩效差距。同时，培训专业人员这个群体也在不断学习培训周期中的这个步骤。很显然，培训专业人员需要知道大量的专业知识。

如果你是一名培训专业人员，但需要做的事情太多，没有时间学习你的专业，本章将是一个很好的起点。尽管本章是从宏观上评估和分析培训需要的专业知识，但在本章末尾你将看到一个"自我"评估，帮助你分析作为一名培训师的需求。你的优势是什么？哪些方面需要提升？自我评估将帮助你确定你需要学习的方面。

决定：ADDIE 还是 SAM？需要做什么

在第 2 章中，我介绍了培训周期。通常，该培训周期被称为教学系统设计（ISD），是培训师在设计和开发培训项目时需要首先考虑的事情。该设计最初由美国军队开发，为了更有效地创建培训项目，目前大约存在 100 种不同的 ISD 模型。尽管最传统和最为人所熟知的 ISD 模型是 ADDIE，你也可以自由地探索其他选择，如 SAM 或 Agile。每种模型都有其长处和短处。ADDIE 拥有详细的步骤，很多人可能认为这样会比较复杂；然而越灵活的模型就越具有循环性，不需要过多分析，也可以更快速地完成设计。我建议你们使用 ADDIE 模型来学习完整的培训周期。

我们将使用 ADDIE。第一步就是分析。

你的参与者和组织的需求

不要被需求评估或分析这些术语吓到。你每天都在进行需求评估和数据分析。你现在缺少一种做汤的食材吗？你需要决定是到商店去买这种食材还是用另一种食材代替（而且希望别人不会发现），或者考虑烹饪其他的食物，或者出去吃饭。你正在思考粉刷你的客厅吗？你需要了解涂料的价格和种类，哪种颜色最好，你是自己粉刷还是雇人，你需要哪种刷子，或者是否考虑用墙纸代替。在这两种情况下，你都要进行需求评估并对你收集的数据进行分析。

出去度假？收养一只宠物？计划一场派对？重返大学？购买新的电器？寻找一间新公寓？换工作？参加网球课程？每种情况都需要评估和分析，并且在你做出决定前你将完成以下五个步骤。让我们以出国旅行为例。

1. 明确需求或问题。（你想去国外旅行。）

2. 确定收集数据的计划。（确定你会和谁联系，你需要什么信息，什么时候需要做出决定。）

3. 收集数据。（向曾经去过这个国家的人咨询，联系旅行社，在计算机上搜索这个国家，做相关信息的笔记。）

4. 分析你收集的数据。（这次旅行安全吗？你能够支付得起旅行的费用吗？什么时间去最好？）

5. 做出决定。（确定是否去旅行。如果去，利用你收集到的信息计划你的出行。）

实施需求评估的原因

和你假设去国外旅行一样，培训师需要收集信息，以便做出明智的决定。下面是培训师需要采取的一些步骤。

- 清晰定义问题；
- 确认培训是否能够解决这个问题；
- 明确需要的绩效；
- 确定问题的原因；
- 设定基线；
- 确认培训的范围。

评估方法

你可以通过多种方法进行需求评估。下面我列举了一些最普通的方法

（需要注意每种方法都有其优缺点）。

- **访谈**在初期可以很好地帮助明确或确定问题；当个人可以清楚表达自己时，使用这种方法非常好。缺点是需要投入较多的人力。
- **焦点小组**的程序非常简洁，来自营销领域，每次都询问相同的问题，并且把信息记录下来。焦点小组的优点是你可以在较短的时间内访谈更多的人，小组之间可以有不同的观点。缺点是不善表达的人可能不会讲述自己的观点。
- **调查问卷**对于在短时间内获得大量或地理分散的群体数据非常有利，相对来说成本也比较低。缺点是交流是单向的，不允许自由表达，这样你可能会遗漏关键的数据点。问卷回收率通常也较低，并且在向人们发放前需要做清晰度测试。评估工具如SurveyMonkey、QuestionPro、Zoomerang 等，是比较简单的解决方案。
- **观察**是一个好的选择，如果你需要和当时的情形直接接触的话，如参观工作场所、观察个人在工作中如何互动。然而，记录数据可能比较困难，同时也比较浪费时间。观察只能观察到行为，无法看到数据背后的原因。
- **绩效数据审查**是一种确定问题点的方法，这种方法可能比较费时，审查者也需要具有专业内容分析技能。无法观察的变量，如设备停机时间或外部预期等可能会混淆数据。
- **非正式讨论**在确定数据收集的初期效果较好，特别是当你对问题所知甚少时。讨论后期需要跟进更结构化的方法。你可能会获得坦率的观点，但也可能获得带有偏见的观点。
- **知识测试**也可以用来收集数据。知识测试测量知识，所以态度不会被混入回答中。然而，知识测试可能无法测量工作中可能用到或用不到的实际技能；个人可能拥有知识，但无法应用。

选择数据收集方法的标准

许多因素将决定你应该使用哪种数据收集方法。下面这个清单列举了你、你的部门或你的组织需要考虑的因素。

- **时间**：你需要多么快速地得到答案？
- **成本**：评估可用的资金有多少？雇用外部人员来支持焦点小组可能花费较高。
- **舒适水平和信任度**：你的组织内的氛围如何？你可以依靠这些数据吗？
- **需要调查的样本大小**：评估需要涉及多少人？
- **保密性需要**：保密性是组织内的个人需要考虑的因素吗？
- **需要的信度和效度**：在何种程度上具有关键性？评估方法将如何影响信度和效度？
- **组织的文化**：员工习惯的是什么？不同的方法将被如何感知？文化如何？例如，开放的组织可能适合焦点小组，而等级化的组织可能倾向于管理者匿名调查。
- **位置**：需要被调研的人都位于什么地方？在那些地方的人有多少？

询问的问题类型

接下来的问题是，你应该问什么样的问题？如同记者一样，你必须分析为什么、谁、什么、何地、何时以及如何培训。成百上千个问题是有可能的。作为一名培训师，你必须确定最重要的问题（告诉你需要知道的事情），这样你可以向参与者和组织推荐使其受益的学习内容。对于进行需求评估和分析数据，其中最重要的原因之一是确定培训是否就是答案。如果是答案，那么就重点关注学员，即参与者。

为什么进行此次培训

- 让人们关注问题，而不是解决方案（“我要在团队合作中进行培训”）；
- 了解症状和原因并关注当时的情形，确定培训是否能解决问题；
- 聚焦组织方面并确保你将能为培训争取业务支持；
- 要求个人确定成果——培训师的目标。

涉及谁

- 对于参与者是谁以及他们可能面临的困境有一个清醒的认识；
- 向内容专家（SME）咨询专业知识；
- 通过列举一种无效培训的情形，确定这是否真的是一个有培训解决方案的培训问题。

问题或解决方案是什么

- 提供可以进行培训的更多信息（现场或现成的），如参与者接受过哪些培训，问题出在哪里，帮助你确定解决方案而非你或你的部门是否可行；
- 通过寻找其他的解决方案有助于了解根源因素并提供培训可能不是正确的解决方案的迹象；
- 通过询问如果不提供培训会发生什么，指出解决方案可能比问题花费更高，所以什么也不做可能会更好。

培训发生在什么地方

- 提供问题的答案，这些问题比较重要，需要早期讨论；

何时需要培训

- 了解是什么在驱动时间框架，例如，一个领导说："现在就做，不然……"或者政府规定在特定时间内完成；
- 表明可能需要维护（你需要修改和更新材料的频度）；
- 表明周转是否会紧张；
- 提供其是否符合你所在部门的日程的信息。

培训如何被支持

- 开启关于资金的讨论，澄清培训是有成本的；
- 在你开始之前，提供有关谁有资源支持培训的信息；
- 提供有关参与者是否能够将知识迁移到其工作场所的信息，这是评估培训成功的唯一方式。这是学习的最佳时机。

问题样本

下面是一些问题样本。你需要决定答案将如何帮助你做出有关培训的决定。

快速小贴士

请向当地的学院或大学询问。市场营销课程经常会有评估或调查设计项目。你需要为设计和培养小组或个人留出时间。如果你有时间，但资金较少，这可能是评估需求的一个简洁的解决方案。

为什么进行此次培训

- 描述问题。
- 为什么你认为这是个问题？描述你注意到的迹象。
- 你觉得是什么原因造成了这个问题？
- 你为什么认为这是一个培训问题？

- 哪些绩效差距需要解决？
- 绩效如何影响组织？
- 组织的哪些方面可能会影响这种情况？
- 你为什么认为本次培训可以实现组织目标？
- 你怎么知道什么时候你已经成功了？

涉及谁

- 谁是参与者？你可以告诉我关于他们的什么信息（如年龄、教育程度和在企业工作的时间）？
- 参与者在组织内承担什么样的角色和责任？
- 你能告诉我有关工作环境的情况吗？
- 哪些参与者在过去正确地做到了这一点？
- 谁使用仪器、材料和设备？
- 这些参与者如何评价自己的表现？
- 谁是该组织中的专家？
- 培训可能对参与者造成负面影响吗？

问题或解决方案是什么

- 你考虑过哪些现成的培训形式？
- 员工接受过的这方面或相关培训有哪些？
- 如果我们不提供培训，将发生的最糟糕的事情是什么？
- 你考虑过哪些其他解决方案？
- 哪些其他组织（或部门）曾经遇到过这个问题？

培训发生在什么地方

- 培训将在哪里进行？
- 培训期间内容专家会在哪里？
- 培训课堂中特殊设备是必要的吗？

何时需要培训

- 你什么时候需要这种培训？你的时间表是怎样的？你预计课程会持续多久？
- 问题可能会何时出现，如时间问题（持续时间、开始日期、频率和假期等）。

培训如何被支持

- 培训如何被支持？哪些资源可用于这次培训？
- 如何做出决定？谁是这次培训的决策者？
- 培训结束后如何支持员工的技能和知识？
- 参与者的直接上司的支持如何？其他管理层的支持呢？

美国迪尔公司（中国）区域领导力发展经理帕梅拉·吴指出，中国的培训师需要“了解参与者，知晓他们的痛苦，提供解决方案，用简洁的方式帮助他们快速成长，在交付业务结果上取得佳绩”。这始于良好的评估和分析，找出参与者和组织两方面的需求。

决定：培训就是答案吗

分析步骤中的最后一项任务是确保培训确实就是答案。当你知道这个问题是否被认为“培训需要”时，分析就完成了。下面三个简单问题会帮助你找出答案。这些问题可以聚焦于个人，也可以聚焦于某个部门。

- 个人是否有完成这项工作的技能？
- 个人是否有完成这项工作的意愿？
- 个人是否得到允许做这项工作？

如果第一个问题的答案是“否”，培训可能是一个解决方案，但也不一定是。如果所有问题的答案都是“是”，那么培训就绝不是一个解决方案。

还可能是什么呢?

- 第二个问题的答案是“否”意味着可能存在动机问题，培训不会解决这个问题。
- 第三个问题的答案是“否”意味着可能存在程序或政策问题，培训也不会解决这个问题。
- 三个问题的答案都是“是”意味着设备问题可能阻碍了个人无法达到所需要的生产水平。
- 即使第一个问题的答案是“否”，也不一定意味着培训就是必需的，也许指导就是解决方案，或者个人还没收到反馈。

快速小贴士

在你进行需求评估前，请确定培训是不是解决方案。只是因为有人要求培训并不意味着培训就是必需的。

不要以为有培训的请求就一定需要培训，还可能存在许多其他的问题：语言障碍；沟通不畅；材料、工具或工作空间不足；不可靠的设备；不明确的期望；不当惩罚或奖励；缺乏反馈和辅导；不恰当的工作分配或其他。

本章提示：在有限的时间内进行评估

你可能认为培训与发展专业人员会始终遵循 ADDIE 模型或培训周期，总是完成彻底的需求评估，但实际情况往往不是这样的。特别是近年来，中国企业的培训时限较短，需求更为频繁，期望更高。虽然培训通常开始于业务目标，但也并非总是如此。

所以，你可以做什么？你可以完全跳过需求评估阶段，但以后你可能会后悔。我已经为你提供了一些思路，并且演示了所有步骤。尽管它们和一个完整的需求评估可能并不相同，但其中的一个或两个为你提供了一些基本信息，这样你可以更好地了解情况。有些培训师称之为目标受众分析。王媛（瑞纳）是英格索兰亚太区学习与发展总监，她认为，无论日程安排多么紧张，培训专业人员都必须寻找时间成为内容和学习的专家。她说："那些经验丰富的内容专家式培训师会赢得参与者的尊重和信任。"这需要在之前花时间去尽可能多地学习和了解当时的情况、参与者及如何帮助他们。联系人可能是你的生命线，尤其是在短时间内收到培训通知或有非常高的培训期望时。

- 从联系人处获得尽可能多的信息。这至少可以为你提供一个基础。尽你所能去做。
- 与部分参与者交流。如果我需要快速获得信息，我会请联系人给我安排一些电话采访。我会向每个人询问本章提到的"为什么、如何、谁及何时评估"的问题。与懂行的人一或两小时的交流会带来重大改变。至少你会获得一些数据。掌握少量信息也总比一无所知要好。
- 向所有的参与者发送一个简单的问卷。如果你以友好的附件形式发送给他们：欢迎他们参加培训，告知他们培训目标并让他们知道你期待什么，你可能会得到一个更好的响应。例如，实践性的、动手的、充满行动的一天加上你可以立即实施的小贴士；10 种表达你的创造力的方式；等等。
- 使用现有的快速评估工具来节省时间，如 SurveyMonkey、QuestionPro、Zoomerang、SurveyGizmo 或其他。
- 让你的联系人提供可能与课程相关的任何资料，如会议议程和笔记、调查结果。
- 如果你真的没有时间，你可以增加开场活动，帮助你获取有关的信息。你可以询问他们的期望、他们对课程的希望和恐惧、他们最大的问题和最大的成功，因为它会涉及内容或任何其他活动，帮助填补需求评估差距。我也会提供几种备用材料和活动，以防课程会与我的计划有所不同。

本章行动：自我评估

在进入第 4 章之前，花时间来评估一下自己的培训技能。接下来的培训技能和知识清单能帮助你：

1. 确定有效执行你的工作所需要的技能。

2. 确定你当前的优势和劣势。

3. 协助你设定职业发展的具体目标。

说明

1. **评估你的能力**，填入表格的第 2 列，使用的等级如下：

    5——优秀的能力（我是最强的天才之一）

    4——高于平均水平的能力（与我在其他方面的能力比较）

    3——平均或中度的能力

    2——较少的能力

    1——在这方面无经验或未经过相关培训

2. **描述技能对工作的重要性，**填入第 3 列，使用的等级如下：

    5——我培训时最重要的技能之一

    4——高于平均水平的重要性

3——平均的重要性

2——偶尔的重要性

1——最小的重要性

0——无重要性

评估培训与发展需求

技　　能	你的能力	工作中的重要性	差　　距
设计需求评估计划			
说明使用哪种需求评估方法			
进行任务分析，确定培训需求			
诊断培训与发展需求，设置项目优先事项			
决定是购买培训项目还是自己开发			
从供应商处采购时确定选择哪个项目			
培训前后评估绩效，测量培训结果			
将业务需求和培训结果相连			
得分			

设计和开发培训

技　　能	你的能力	工作中的重要性	差　　距
设定学习目标			
设计或定制方案以满足特殊需求			
设计有效的可视化支持			
在制定方案时应用成人学习理论和指导原则			
评估和创造参与教学的方法，如角色扮演、展示			

续表

技　　能	你的能力	工作中的重要性	差　　距
设计培训技巧以确保学习可以迁移到工作中			
描述自己的培训风格并说明其对不同学习风格的影响			
设计有效的开始和结尾			
得分			

实施和引导培训

技　　能	你的能力	工作中的重要性	差　　距
使用有效的展示技巧			
授课时掌握适当的时间和最佳的技巧			
使用小组引导技巧			
管理棘手的参与者			
询问和回答问题			
恰当地使用视觉效果			
管理突发的教室事件			
营造积极的学习环境			
得分			

评估和加强培训

技　　能	你的能力	工作中的重要性	差　　距
评估学习过程和结果			
介绍柯克帕特里克的四个评估层级以及如何实现			

续表

技　　能	你的能力	工作中的重要性	差　　距
使用反馈改善今后的培训			
开发评估工具，如问卷调查和测试			
分析评估结果			
讨论投资回报率的基本原则			
得分			

保持你的优势

才能

查看你第 2 列的得分。在这些项目后面增加一个评价自己的项目。

列举你可以提高的四类才能：

1. ______________________________

2. ______________________________

3. ______________________________

4. ______________________________

发展需求

把第 3 列的得分减去第 2 列的得分，将结果填入第 4 列中。它可能是一个负数。例如，如果你给自己的能力评分是 2 分，而工作中重要性的评分是 4 分，那么第 3 列的得分就是–2 分。负数的绝对值越大，改进的需求就越大。

列出你最想满足的四个改进需求：

1. ______________________________

2. ____

3. ____

4. ____

第 2 列的最高得分为 150 分。该列得分在 120 分或以上表明你是一名熟练的培训师，差三个等级或更多表示该领域需要提高技能。

本章奖励活动
不同的问题，同样的结果

概述

利用这项充满创意的活动，确保参与者在回答不同的问题时满足他人，以确定他们的期望。

参与者

任何数量，越多越好，任何话题都可以；然而，超过 25 人时需要花大量时间进行汇报。

流程

1．创建索引卡片，每个卡片上写上一个问题。参照案例模板或自己创建。创建足够多的数量，让每个人都有一张卡片，并且每个问题至少有两个或三个副本。

2．将索引卡片发给每个参与者。让他们找到其他有同样问题的卡片。一旦他们形成了群体，让他们回答问题并在索引卡片上写出答案。这一步需要约 10 分钟。

3．宣布时间已到，并要求每个小组公布其问题和答案。

4．在活动挂图上采集明确参与者预期的回答。将卡片贴在墙上，提醒你和参与者的预期。

5．使用以下问题进行汇报。

汇报

- 你发现别人知道的或想学的共同主题是什么？
- 在提出不同问题的情况下，我们如何达成确定预期目标的共识？
- 对于你希望自己曾思考过的和提到的，我们分享了哪些想法？

变化

- 限制问题的数量，以节约时间。
- 如果你想，在卡片上写上子主题。

实例

每人接收一个问题，并且至少还有一人的卡片上有同样的问题。例如，如果你的班级有 20 名参与者，你可以最多可以选择 10 个问题，这样每对参与者将有同样的问题。或者，如果你选择 5 个问题，为 20 名参与者创建四张索引卡。

索引卡可能提出的问题包括：

- 你为什么选择这门课程？
- 你为什么在这里？
- 关于（主题），你有什么问题？
- 你想要获得什么建议或信息？
- 你希望获取什么技能？
- 你不需要或不想要什么建议、信息或技能？
- 列举你想要带回工作场所的一个东西。
- 你对本课程有什么希望？
- 你对本课程有什么顾虑？
- 你需要从本课程中获得的“必须包含的内容”是什么？
- 你的期望是什么？
- 关于这个主题，你从以前的课程中学到了什么？
- 围绕这个话题，你有什么经验？

第 4 章

为学习结果设计培训

启动设计可能是一个长期或一个相当短的步骤。完成需求评估、数据分析并确定培训需求后，你需要为培训设定目标。如图 4-1 所示，设计是培训周期的第二个步骤。

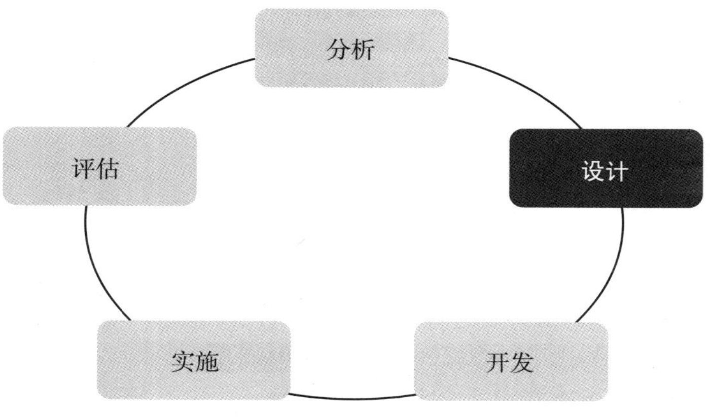

图 4-1 培训周期

培训设计师为参与者撰写学习目标。学习目标明确参与者能够做什么的要求，这种能力正是培训的结果。

你也可以选择写给培训师的培训目标。培训目标与你设计和开发的东西有关。是否需要撰写培训目标，通常是你的组织将做出的决定。

设计步骤的其余部分可能包括：

- 文档化设计策略；
- 开发评估、前期工作和其他外部内容；
- 撰写学习目标；
- 基于布鲁姆分类法（认知、动作和情感），根据预期结果运用教学策略；
- 设计用户界面和用户体验；
- 创建原型；
- 选择和运用可视化图形设计；
- 选择多媒体；
- 确定内容专家（SME）和他们擅长的领域；
- 规划课程；
- 选择交付机制。

为有效性进行设计

严格遵守规则的人会告诉你，这一步应该是系统和具体的。正如我在本书前面的章节提到的，我只会完成这个步骤中实际需要的或者组织期望的。我举一个例子。我最近设计了一个变更管理培训项目。表 4-1 展示了我所做的工作和每项工作花费的时间。

表 4-1　设计步骤举例

可能的设计行为	我所做的工作	每项工作花费的时间
文档化设计策略	使用六步模型，使战略以六个步骤为基础，在介绍和结尾部分加入六个模块	15 分钟
开发评估、前期工作和其他外部内容	基于目标和分析，创建前测和后测草稿；创建访谈前期工作问题；在开发过程中改进	1.5 小时
撰写学习目标	基于评估、客户意愿和布鲁姆分类法撰写 SMART 目标，打电话给客户一起审查；创建基于目标和客户需求的评估	3.5 小时
基于布鲁姆分类法，根据预期结果运用教学的策略	创建活动清单和分配 KSAs，以对应于目标和活动	2.5 小时
设计用户界面和用户体验	计划跟进；开发过程中创建基本工作辅助；创建参与者门户操作列表；确定联系人	4.5 小时
创建原型	没有做；将在开发过程中与客户讨论	0
选择和运用可视化图形设计	没有做；将在开发步骤中伴随主题出现	0
选择多媒体	幻灯片演示；打算使用视频和 YouTube 介绍前期工作；打电话安排会议；将在开发过程中设计幻灯片	2 小时
确定内容专家和他们擅长的领域	从客户那里获得专家名字；打三个电话	2.5 小时
规划课程	从基本大纲开始，随后开发步骤将反复继续；这时我会设计培训师指导、参与者材料、进度和 PPT	3 小时
选择交付机制	预先确定两天的面对面教学；后续决定使用移动教学提醒	0
	时间总计	19.75 小时

正如你所看到的，我发现设计和开发两个步骤之间的交叉工作更加有效和高效。对我来说，它们是一体的。这比线性方式工作更有效率。能够更快速地完成吗？是的。我正在设计一年中可以在 12 个不同地方进行 50 次的培训项目。一旦我完成了如表 4-1 列举的部分，我就感觉我已经做好准备开始创建实际的讲义、幻灯片和教练手册了。

撰写学习目标

学习目标明确了培训完成后被期望的绩效表现（知识或技能）。以下各节将为你创建精心设计的学习目标提供指导。

快速小贴士

开发步骤和设计步骤之间的工作交叉是非常实用的。这样会避免你在做决策时走得太远——在进入开发阶段之前“正式”进入设计阶段；并且避免你发现你所拥有的时间太少或活动变化不够多。

什么构成了良好的学习目标

使用需求评估中收集的信息撰写学习目标。学习目标明确了参与者期望从培训中获得的绩效改进（知识或技能）。

一个目标应该满足如下几个标准：

- **具体的**：它应该是具体的，这样你的意思表示将是明确的，学习目标应该使用可被看到的或听到的词语。
- **可衡量的**：它应该是可衡量的，这意味着你可以计数，或者确定它是否已经完成。
- **可实现的**：它应该是可实现的。实现目标不应该太困难，也不应该太简单。
- **相关的**：它应该与组织和期望的变化相关。

- **及时的**：一个目标应该是有时限的；也就是说，它应该有一个期限，说明参与者有望何时实现目标。

这些标准的第一个字母连起来组合成 SMART。所以目标应该是 SMART 的。

如何撰写学习目标

通过回答这个易记的问题，你可以轻松地撰写目标。

谁将做什么，什么时候，以及效果如何？

例如，“你将在这个模块末尾投入100%的时间撰写学习目标。”

下面是部分培训师称为一个好目标的 ABCDs 公式：

- 受众（Audience）（谁）；
- 行为（Behavior）（会做什么）；
- 条件（Condition）（到什么时候或利用一些其他条件，如利用援助）；
- 程度（Degree）（如何）。

正如你看到的，这两种方法需要相同的信息。

如何将布鲁姆分类法引入过程

在第 2 章中，你已经读到了布鲁姆分类法，学习成果的层次结构。正是因为培训周期中的这一点，布鲁姆的分类变得非常重要：明确指定参与者在培训结束后将知道什么或能够做什么。布鲁姆分类法对于撰写学习目标非常有用。

布鲁姆分类法将人们的学习方式分成三个领域：认知、动作和情感。

然后每类又被细分为一个等级序列，使学习领域变得越来越复杂。表 4-2 展示了认知领域，强调智力成果。本领域被进一步划分成不同的范畴或级别。所使用的关键词和所提出的问题类型有利于构建和鼓励批判性思维，特别是较高水平的批判性思维。

表 4-2　布鲁姆的认知领域

知识	理解	应用	分析	综合	评估
复制一个模型和一种模式行为	遵循方向	完美的原始工作	分成几部分	形成新的，整合各部分	根据标准判断
安排 复制 定义 重复 模拟 列举 召回 反复 选择 说明	完成 计算 描述 解释 匹配 建模 行动 释义 回应 重现	演示 设计 驱动 修改 操作 组织 完善 提炼 修复 解决	调整 校准 比较 坐标 检测 图解 绘制 实验 组织 计划	建立 结合 组织 创建 设计 发起 发明 起源 支持 撰写	评价 批评 批判 保卫 评估 估计 判断 合理化 比率 验证

认知领域的技能包括某个特定主题的知识、理解和批判性思维。传统教育往往强调这个领域的技能，尤其是较低级别的目标。

借鉴布鲁姆的各个学习领域可以帮助你找到撰写目标的正确用词。

确认与要求相符的交付方式

这是与你的客户进行连接的最佳时机。分享你的学习目标和初步的计划以创建对话。如果你的工作到目前为止还不完美，不要担心。你们处于一种合作伙伴的关系中，你们双方都想要最好的——对参与者最好的和对组织最好的。

刘菲主持了中粮集团大多数的培训。她毫不避讳地说："作为国有企业，获得利润是中粮集团最重要的事情。中粮集团还必须赢得市场，这需要我们发展自己的领导者。"这是培训师如何理解需求的一个明显例子，无论是参与者的需求（成为更好的领导者），还是组织赚取利润的需求。好的培训可以实现这两个需求。

确保你对最终目标和客户的期待非常明确。你与你的客户沟通接触得越多，收获快乐的客户和满意的参与者的机会就越多。

选择和规划使用多媒体

你有众多可用的多媒体，包括从计算机显示器到纸张的一切东西。你选择的媒体应该能够支持你的培训课程，并使参与者获得预期的技能或使知识变得更容易理解。媒体可以提高材料的保留性。如果你正在进行虚拟指导培训，你的选择会较为有限。但是，如果你正在进行视频会议，你可以利用所有的选择。

有效地利用媒体需要做大量的工作。这真的值得吗？视觉效果的好处十分明显。你的参与者通过他们的五种感官进行学习。研究表明，相比其他四种感知，通过视觉发生的学习比例要大很多。通过每种感知发生的学习大致比例如下：

- 味觉：1%；
- 触觉：1.5%；
- 嗅觉：3.5%；
- 听觉：11%；

- 视觉：83%。

有效目标的清单

撰写目标时，可参考下面的清单：

- 简明扼要，重点突出；每个目标中只包括一个主要项目。
- 使用可观测的动作动词描述预期的结果。你可以看到（或听到）“列举”、“演示”和“计算”。你不能看到 “记住”、“相信”或“学习”。
- 明确一个时间框架或实现目标的日期。通常，这发生在培训课程结束时。
- 明确合适的资源限制（资金、人员、设备）。
- 描述参与者的预期绩效。
- 明确需要实现的可衡量或可观察的目标。
- 选择你能直接影响或控制的领域；如果你对于某个培训项目没有责任，不要撰写此目标。
- 在培训可以实现的方面和可用资源方面让目标具有可实现性。
- 在目标中包括足够多的挑战，使目标设定变得有价值。
- 表明可接受绩效的最低水平。
- 明确行为必须实施的条件（如有的话）。
- 如果项目未 100%完成是可接受的，明确成功的程度。
- 选择支持并与整个组织的任务和目标一致的目标。

我们大多数人对于我们的学习形式都有视觉偏好，这意味着对你的参与者来说，语言信息需要额外的视觉效果支持。通过在培训课堂上使用视觉效果，参与者能够更快地把握信息，更好地了解它并维持更长久的记忆。

《基于证据的培训方法》（*Evidence-Based Training Methods*）（2014）的作者露丝·克拉克（Ruth Clark）指出，对于视觉效果，有证据表明，培训师应遵循以下指导原则：

- 使用相关的视觉效果来说明内容；
- 依据目标保持视觉效果简单明确；
- 解释复杂的视觉效果；
- 避免诱导性的视觉效果，如过多的动画或图片会造成冲击或惊吓，而后干扰参与者，却不能澄清你要交付的内容。

要确保你的视觉效果为参与者增加价值，并且让学习更加简单。

确保将视觉效果添加到学习中

在本章后面的“可用的视觉效果”部分，我列出了几种类型的视听辅助设备，你可能希望在培训课程中使用。你在什么情况下可以使用它们？下面将描述每种媒体或视觉辅助效果最佳的情况。你也可以决定在其他情况下，根据你的学习目标和你的培训教学计划使用视觉效果。

作为一名培训师，你是一个专业人员。使用视觉效果可以提高你的形象，并增强参与者对你的信心。但是，如果你没有专业设计的视觉效果，如果你没有进行充分练习，如果你不知道使用它们的最佳方式，你的参与者可能会失去对你的信心。

视觉效果只有在两种情况下才有效：

- 与主题相关；
- 对参与者是可见的和可理解的。

我想这似乎只是常识，但有时我们就是不考虑所有需要的细节。

使用视觉效果提示

我们所有人都可以使用一些提示，以确保我们能够为参与者提供最好的学习体验。使用下面的技巧，能够确保你看起来非常专业。

确保参与者都可以看到视觉效果。一些最好的报告往往注定要失败，因为参与者无法看到视觉效果。下面这些技巧能够防止这种情况发生：

- 不要挡住视线；
- 坐在参与者的座位上，确保他们能看到视觉效果；
- 密切关注屏幕上显示的东西，视觉效果必须是可读的；
- 每次只展示一个观点；
- 将一页 PPT 的观点限制在四个以内；
- 使用指示笔或激光笔集中参与者的注意力；
- 在视觉效果之间关闭投影灯。

为你的参与者指明视觉效果的方向。试想一下，你是其中的一个参与者，并且第一次看到视觉效果。

- 告诉参与者他们在看什么“这是积极聆听的四个标准”；
- 良好的视觉效果可能不需要用语言来形容；
- 让人们有足够的时间做笔记。

充分练习。让你的视觉效果舒适、自然。这来自练习。

- 确保图表容易翻转（你可能需要练习这一点）；
- 练习如何操作设备；
- 提前放置设备，并事先整理用品；
- 避免你的身影投射在屏幕上，安排合适的空间，避免你在投影仪与屏幕之间来回走动；
- 在最后一张幻灯片的最后，关闭投影仪；
- 使用结束后和培训结束前，不要碰触设备。不要被 DVD 弹出干扰，停止你的幻灯片，将设备或视觉教材收拾起来。你的时间属于你的参与者。

确保视觉效果能够提升你的表现，而不是代替它。视觉效果不应该占据整个课堂，但它们应该帮助解释或澄清你展示的概念。这就是当露丝·克拉克谈到“诱导性”的视觉效果时她要说明的意思。

- 当你用它们来解释演示内容时，视觉效果应该成为你的扩展；
- 视觉效果应该与通用元素结合在一起，例如，一个图形、一种颜色或一张草图。

为紧急情况做好准备。培训时发生的紧急情况不一定会变成大的灾难。下面这些技巧可以帮助减少对参与者的影响：

- 准备一个额外的灯泡、转换器插头和记号笔；
- 知道如何换灯泡；
- 知道在哪里取得延长线；
- 准备停电的替代方案；
- 出现紧急情况时暂停课程。

最后，引用一名著名培训师的话：“保持简单，保持简单，保持简单。”

快速小贴士

你可以将演示文稿作为背景，避免让参与者分心。你也可以按 B 键强制黑屏。

可用的视觉效果

幻灯片演示已经主导了培训世界。幻灯片制作起来很容易，也很节约时间。大多数笔记本电脑也自带幻灯片设计工具。幻灯片也可以进行现场更改或更新，也可以自动添加颜色，包括动画和声音效果或视频剪辑。

然而，幻灯片也可能很无聊或被过度使用，并且没有其他可用的媒体和视觉效果有效。媒体和视觉支持的列表可以为你提供可用资源的检查。

计算机投影系统：包括幻灯片演示文稿和 SMART 交互式白板。这两者都要使用计算机技术来投影图像。幻灯片演示文稿非常方便，而且大多数培训师都使用这项技术。Prezi 也正在变得越来越普遍。智能平板结合了巨型计算机屏幕和你可以书写的白板；你的手可以充当巨型光标，把条目从一个地方移动到另一个地方。

视频和 DVD：你可以通过放映视频剪辑来演示技能、说明行为，或者让专家以你不能做到的方式提供内容。你也可以完整放映一段视频，或者也可以只是一个片段。你也可以用视频将参与者的课堂练习记录下来，让他们做自我批评。大多数人都是自己最好的批评家。如果你使用翻转课堂设计，那么创建一个视频，让参与者在参加课程之前提前下载和查看培训材料，给他们一个迅速启动。

参与者的设备：参与者携带自己的设备来参加你的培训，如笔记本电脑、iPad 或其他平板电脑、连接到互联网的手机和手表、录音笔以及许多其他工具。充分利用这些丰富的资源。

快速小贴士

使用 Jego 或 Skype，让你公司的总裁或执行总监实时欢迎参与者来到课堂。

活动挂图：活动挂图是裱好的大堆纸张，每张都可以撕下来挂在墙上，或者翻转到垫板的顶部。垫板被挂在一个大约 1.8 米高的画架上。培训师可以用 chisel-tip 马克笔在上面写字。活动挂图对于创建在场列表、捕获集体产生的想法，以及创建实时计划非常适用。当以这种方式捕获时，展示的信息就是即时性和自发性的。当你被要求去做一些即时性的引导时，活动挂图将会特别有价值。

创建功能强大的幻灯片演示文稿

当开发视觉效果时，如幻灯片或活动挂图，确保你的材料是真正“可视化”的。当被用于增强展示时，幻灯片的功能非常强大。千万不要认为幻灯片只能用作演示，幻灯片应支持你要提供的内容。

保持简单：使用关键词或观点，保持信息简洁。每张幻灯片上包括不超过三个关键概念。使用 6×6 的规则：垂直方向不超过六行，横向不超过六个字。

使用合适的字体：选择无衬线字体（黑体）；Arial 和宋体都是不错的选择。选择即使坐到最后一排也可以看清的字体。一般文本应该使用不小于 24 号的字体。大小标题应该使用 35～44 号字体。通常，加粗的字体最好。

选择一个视觉主题：你的参与者可能已经看过幻灯片演示文稿中的每个模板。去网上寻找其他的幻灯片模板或创建自己的设计。利用颜色增强你的主题，但要明智地使用。浅色背景加深色字体一般比较好。

增加兴趣：使用有吸引力的着重号、图形和布局。甚至可以将你的着重号变为三角形，增加旋转。请记住，图片最能说明内容，图表最能解释数字。同时，避免过多移动文字或图形。它们可能看起来很好玩，但过度使用也可能会分散你的团队某些成员的注意力，让他们感到烦恼。在适当的时候使用它，或者在帮助你澄清观点时使用。

检查准确性：把你的幻灯片给别人看，请他们检查错误。确保所有信息完整、正确和与时俱进。

把视觉效果作为支持，帮助你的参与者集中精力，帮助你不偏离轨道。视觉效果应该帮助你的参与者完成三件事情：

1. 迅速掌握重点。
2. 将概念应用到他们已经知道的内容中。
3. 更长久地保留信息。

黑板、白板、磁板、毡板：白板正在变得再次流行。此外，有磁性的新涂料也是可用的，它可以覆盖整个墙面，这样你就可以使用磁铁。一些培训教室的墙壁上仍有板子或可动支架，这对于小团体记录想法非常有用。

电子白板：这种类型的白板可以与复印机结合起来。它可以把你写在其 3' × 5'表面上的东西转化到一张纸上。参与者可以带着白板上的想法走出教室。

教具：教具通常不会插入、打开、发出声音、展示动画或有差错。它们可能包括样品、模型、展示或培训师可以带回家的文章。虽然教具和多媒体没有什么关系，但它们可以是非常好的视觉元素，并且能够捕捉或重新聚焦注意力。它们也可以用作内容方面的隐喻。下面将提供更多关于教具的信息。

教具

教具包括多样化的三维物品，参与者用它来讨论或练习。它们可以被用来作为实际的动手支持：

- 展示产品、错误等的样本，让参与者进行研究；
- 引入实际设备、区位和建筑物的模型；
- 利用实际工具、设备或材料实践技能；
- 示范一种正确的过程或程序；
- 用作一种隐喻，将观点视觉化；
- 做最后陈述。

> **快速小贴士**
>
> 活动挂图如果预先粘好双面胶，它就像一个巨大的便签纸。活动挂图可以直接贴在墙上，让你避免使用覆盖胶带，而且在不破坏墙面的情况下轻松拿下来。

教具可以被用在任何可能的时候，用于提出一个观点或向参与者提供动手实践。以下这些技巧能使其使用更方便、更有效：

- 将教具放在视线之外，直到你准备好让参与者与它们互动；
- 勇于创新并找到链接，让教具成为培训中的关键点的比喻；
- 让它们随时可以使用并在休息期间碰触。

本章提示：使用社交媒体

社交媒体是你最新的培训工具。在设计步骤中，你要决定如何有效地使用它。社交工具定期出现和更换，所以很难预测下一个将是什么，以及如何使用它。使用社交媒体和技术与创建高效的课堂培训并没有什么不同。你可以用它来扩大社区规模。你可以提供网站，让员工直接从源头获取信息。你可以使用社交网络工具，继续你超越虚拟和传统教室的参与者发展。

上海改进管理咨询有限公司的联合创始人顾立民对于培训师可用的工具感到非常兴奋。他说："技术使得过去不可能的事情在现在变得可能，尤其是在中国。"

想象一下，你正在创建一个混合式学习方案，而你想要在培训课堂之间继续共享数据。你能够使用下面这些社交网络工具实现这一目标吗？

- **QQ：**作为一个类似 Skype 的短信平台，QQ 能够提供全面的网络通信功能，如文本消息、视频聊天、语音聊天、在线功能，以及允许用户在线和离线发送文件的功能。作为一名培训师，你可以利用它为你的参与者创建一个微博，为他们的持续学习提供服务。
- **QQ 空间**：是一个社交网络网站，提供类似 QQ 的服务，包括博客、照片发布、音乐和视频。和 Facebook 一样，你可以创建一个专门用于正在进行的培训小组的页面。或者，你也可以将其用作培训前的介绍。你可以让参与者用他们的手机记录一分钟的自我介绍视频，并将其上传到该网站。提出三个或四个问题，这样他们就会形成"培训将包括什么"的想法。
- **微信**：凭借其不断更新的一系列功能，包括语音和群聊、视频通话、对讲机和附近的人，微信是中国社交网络的一股强大力量。作为跟踪行为，你可以让学生将课堂或在线课程上讨论的示例图片拍下来，并在 24 小时内发布。

- **微博**：作为中国所谓的“Twitter”，微博是营销商们一个友好的平台，因为通过视频、直播和名人访谈，品牌可以促进他们的活动和在线商店。你可以通过你的个人账户提醒参与者他们学到的关键点，或者你也可以添加一个简短提示。
- **人人网**：“中国的 Facebook”，人人网不仅有类似的布局和颜色，也有很多相同的特点，如个人资料创建、朋友名单、明星页面和消息应用程序。它开始是作为专门的大学生网络。你可以在人人网张贴文章，要求参与者在你下一次虚拟课程之前阅读和评论。

本章奖励活动
拍下这一刻

概述

这项活动能够在视觉效果上推动内容。

参与者

来自同一组织的 3～50 人。

流程

1. 在培训会议上讨论完一个组织的价值观后，如组织的战略研讨会，让各组组成一个包括三到四名参与者的小团体。每个小团体中，应该有一个人拥有可以拍照片的移动设备。

2. 给参与者 20 分钟进入组织。他们的任务就是拍照片：

——展示组织的价值观（即兴团队解决问题）；

——展示组织价值观的对立面（关闭的门，警告标志）。

3. 回来后，让小团体将自己的照片上传到投影仪。放映幻灯片，并让各组描述这些照片和他们的经验。带着这些疑问汇报：

——这些实例怎样证明或没有证明价值观？

——他们发送了什么消息？

——你认为信息影响员工了吗？是如何影响的？

——为了与价值观有更强的视觉匹配，你会怎么做？

——回到工作场所时，你能够实施哪些方面？

4. 培训课程结束后，向参与者发送一些照片，提醒他们应该记住什么。

变化

这项活动可以用在安全性、团队建设、领导力或其他课堂中。

实例

我为一个新的管理者培训课堂创造了这项活动。我还将两种类型的照片编成了两个拼贴，在培训结束后发送给参与者，提醒他们如何践行企业的价值观。

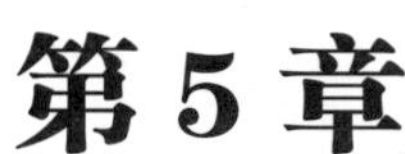

开发交互式培训课程

在第 4 章，你已经确定了大多数的设计问题，这为开发内容提供了基础，即 ADDIE 模型的第三个步骤（见图 5-1）。

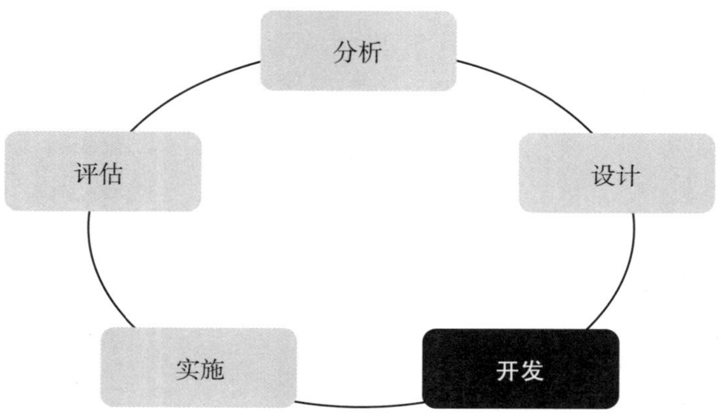

图 5-1　培训周期

过去这些年中，培训与发展行业发生了许多令人兴奋的事情。虽然移动学习、社会化学习、慕课、平板电脑和智能手机及许多其他工具、技术已经被引入其中，但你还需要做出基本的决定，确保你开发的培训满足参与者的需求。

将学习目标作为基础，你会做出与以下相关的决定：

- 启动相关且有效的活动；
- 学习与内容相匹配的方法；
- 设计拥有最大参与度的活动；
- 以逻辑形式将内容排序并呈现。

北京智学明德国际领导力中心主任徐中说："中国大约有 30%的组织能够设计自己的培训程序。"你的组织属于其中之一吗？英格索兰亚太地区学习总监王媛指出："拥有一个设计团队的成本是相当高的。"她还说："尽管多数公司宁愿寻找其他途径来产生业务收入，但量身定制的培训总是需要的。"

课堂与在线设计：相同还是不同

电子化学习专家简·巴贝切特提醒我们，"当区分'传统'教室和'虚拟'教室时，我们认为它们是完全不同的形式。培训师必须记住，在传统的面对面培训中使用的许多活动可以非常容易地迁移到其他环境中"。如果大多数情况下你进行的是传统的面对面培训，巴贝切特建议你首先要确定时间进行社会化和协作活动，这些活动可以被轻松地迁移到虚拟教室或社会化学习中。

在设计步骤时，你要确定交付方式。但在此之前，你的开发步伐迈得太大，你需要确认应该如何培训，别人很可能会做出这样的决定。选择包括虚拟教室或传统教室的面授培训、在职培训、自学等。

《ATD 2014 年培训行业报告》称，培训交付方式在过去 10 年内变化不大。面授培训仍然是最常用的学习方法，使用率 70%左右。其中，55%发生在传统教室，9%发生在虚拟教室，5%发生在远程培训中（培训师在一个地方，参与者在另一个地方）。异步学习和自主学习形式每年也在小幅增长。你也可以采用变化的形式，如将虚拟培训和传统的面对面培训相结合。混合式学习结合了两种或多种培训交付方式。

混合式学习

混合式学习是一种解决非此即彼问题的解决方案。当两种方式的最佳方面结合起来时，混合式学习特别有效——也就是说，将在线培训的优点和传统教室培训的优点结合起来，达到学习效果。例如，混合式学习可以从传统教室培训开始，然后是异步在线学习和自学，最后以 90 分钟的虚拟教室培训和自我评估收尾。

工具栏：在线培训的优点和缺点

在线培训的优点是什么

- 减少旅行和旅行费用。
- 可以随时随地培训。
- 可以提高培训准时率。
- 能够开发全球性的劳动力。
- 可以有更多的时间反馈。

在线培训的缺点是什么

- 要求参与者适应新的技术和学习方法。
- 需要更多的时间和资源来开发。
- 可能不适合所有的培训。

参与者和组织都可以从这种混合式学习中受益。当内容学习可以通过阅读或自学实现时，参与者可以节约课堂上的时间，也可以根据自己的日程安排在方便的时候学习。投入在传统教室培训课堂上的时间可以用来建立关系、增加来自同事的反馈或提供技能练习。

翻转课堂

学校的教师首先推广了翻转课堂。参与者在参加翻转课堂之前，通过阅读、看视频或回顾之前的在线课程，研究并探讨概念、数据和信息。这与过去培训师布置的课堂预习非常相似。课堂时间都花费在角色扮演、实践活动、案例研究以及在真实的世界中使用技能有关的练习上。培训师呈现较少的新概念，花费更多的时间指导参与者。

利用破冰游戏确保投资回报率

让我们从破冰开始。有时，培训师会跳过破冰这个环节，因为他们不想浪费时间。当然，我们没有时间可以浪费，但跳过破冰环节不是一个好的做法。相反，应该让破冰游戏给你带来宝贵的投资回报率。无论花费 5 分钟还是 30 分钟，你都可以让时间花得值当。

你有没有参加过这种培训课程，培训师首先慢吞吞地花费 15 分钟讲解填写注册表格的步骤、洗手间的位置、食堂的位置、如何取得停车证等？这会真正让你对培训感兴趣？我敢打赌，不会！

我喜欢用一些能给参与者带来惊喜或让参与者受到冲击的东西开启我的培训。例如，做完介绍后，我可能会把一个装满 T 恤的大购物袋放到桌子上并且说："他们说你不能通过一本书的封面知道这本书的内容。但是，我相信你可以通过一个人的 T 恤了解这个人。"接着我会从购物袋中拿出 T 恤，并且阅读上面的搞笑标语。我会给学生一张颜色亮丽的纸（有好几种颜色），上面有 T 恤的轮廓，并要求他们使用桌子上的蜡笔在上面画一幅画，或者在 T 恤上写上代表自己座右铭或其所代表的组织的口号。

当参与者完成他们的 T 恤设计后（中间可能需要一些催促），我会让他们站起来，找到拥有相同颜色纸张的参与者，把他们自己介绍给对方，并解释他们 T 恤上的画或文字（这大约需要花费 5 分钟）。然后，我会让他们坐下，并向其余的小组介绍自己和自己 T 恤上的画或文字。最后，我让他们把所有的 T 恤都挂在墙上。

在整个课堂上我会时不时指向这些 T 恤，并让参与者写下对自己和他人的 T 恤的看法。现在，我获得了什么？

- 吸引了他们的注意力；
- 营造了参与氛围，让参与者即时参与，保证了参与度；
- 设定了节奏——快速的节奏；
- 让参与者放松（包括我自己）；
- 发起了个人互动和个人介绍；
- 听到了每个人的名字；
- 在大组中让每个人进行了一次发言；
- 观察和定义了小组的个性；
- 确定了个人性格；
- 确保了每个人都了解别人的一些事情；
- 构建了到内容的过渡。

什么？！内容？是的。我在我的培训培训师课程中使用了破冰游戏。在做完最后的介绍后，班级开始进行破冰。而在这时，我会讲到自己的经历，“作为一位从业 30 年的培训师，我……”或者“作为……的培训总监……”或者“正如我在我的上本书中讨论的……”

顺便说一句，虚拟培训的开场也应该完成所有这些目标。如果虚拟小组将多次开会——事实情况也是如此，在破冰环节你的前期时间投资将帮你获得持续的红利。

最近，我阅读了培训期刊上的一篇文章，作者写道：“破冰和课程内容没有任何关系，但如果你希望大家有互动，它们是必要的。”这句话的后一部分是对的，但前一部分绝对是错误的！通过前期计划，你可以设计一个引人入胜的破冰游戏来导入课程内容。请参见工具栏的一些建议和想法。

工具栏：设计与课程内容相关的破冰游戏

破冰游戏应该与课程内容相关。下面这四个建议将向你展示将课程内容加入破冰游戏中有多么容易。而且，正如简·巴贝切特所解释的，几乎所有的活动都可以很容易地做出调整以适应虚拟课堂。

- 当参与者做自我介绍时，让他们说出自己的名字和所在部门（或公司），并添加一则与培训课程内容相关的信息。例如，如果主题与解决问题的技能相关，让他们找出他们希望学习的如何使用技能的一个例子。在虚拟环境中，让参与者输入一些有关自己的、与内容相关的信息，在参与者登录时，使用聊天功能。
- 将参与者分成小组（3～4 人），让他们彼此做介绍，并且作为一个群体决定他们面对的、与内容相关的最大挑战。例如，如果你正在向酒店前台工作人员讲授倾听技巧，你可以让他们选择他们面临的最大挑战，而在这个挑战中倾听技巧可能是非常有用的。在虚拟环境中，让参与者在独立的聊天室组成小组，并确定他们的最大挑战。
- 在任何培训课堂中，你都可以询问他们对课程的期待。让虚拟参与者提前 10 分钟签到，鼓励他们在白板上列出期望。
- 你可以带来一箱“东西”（翻找你办公桌的抽屉或你孩子的玩具或厨房的抽屉，寻找各种各样的东西），让他们在其中选择一种，将其与课程内容联系起来。例如，如果你在培训团队建设能力，你可以提供一个工具箱（卷尺、锤子、刮冰机、量杯、煎饼铲、拼图、搅拌器、木工水平仪、剪刀、订书机、计算器等）。要求每个人从箱子中选择一种工具。当他们做自我介绍时，他们需要完成一个陈述“作为一个团队人员，我就像一个……因为……”，用他们挑选的工具补充空白部分，并解释为什么选择这种工具。将这些工具的图片展示给虚拟参与者，并要求在能够说明他们的图片旁边贴上自己的名字。

如果一个小组由彼此非常熟悉的人组成，让大家彼此认识的破冰游戏可能没有必要，你可能需要设计其他开场活动。对你的课堂来说，第一个 5 ~ 10 分钟是一个非常重要的时间段。设计良好的开场和破冰游戏可以营造一种有利于学习的氛围。

运用各种培训方法

在过去，即使具有超强开发能力的中国公司，也往往将面授作为主要的教学方法。虽然面授的方式仍然存在，但在过去十年中也发生了变化。目前大多数开发项目会将传统的面授与活动相结合，如实际项目参与、模拟和任务轮转。当参与者处理真正的业务问题时，他们会把理论学习运用到现实世界中。这种行为也给了他们向他人展示自己能力和潜力的机会。上海改进管理咨询有限公司联合创始人顾立民指出："这也是为什么行动学习在中国这么火……甚至高层管理人员也认为，行动学习可以解决他们的问题。"但是，请记住，行动学习并不是唯一的解决方案。

一切正在发生变化，这是个好消息。但是，会变成什么？这些令人振奋的新方法是什么？授课有无数种替代形式。活动有许多形式和模型，并且对你的设计来说非常重要，因为它们充满活力，可以促进边做边学，鼓励参与者一起工作，并且是激励性的。

有数以千计的活动、游戏和练习可以运用在培训中。或者，你也可以创建你自己的。游戏的最好资源之一就是埃德·斯坎内尔（Ed Scannell）和约翰·纽斯特罗姆（John Newstrom）的《培训师玩的游戏》（*The Games Trainers Play*）系列。ATD 每年都会出版活动书籍系列，一些活动书籍列在了本书最后的阅读清单上。你可以轻松地将许多游戏、练习和活动加入你正在设计的培训项目中。活动可分为以下几类。

- **报告**，相比其他方法，报告是互动较少的形式，包括座谈、授课、辩论、笔记指导和讲故事。
- **演示**，通常涉及某人向参与者演示流程或建模程序，如培训师角色扮演、实地考察、视频、DVD、电影片段、魔术、指导、访谈。
- **阅读**，指与印刷文字互动的各种方法，如提前阅读材料、参与者之间写信、故事感想和互联网研究。
- **戏剧**，要求参与者或引导者在其中扮演某个角色，如短剧、剧本写作和角色观察。
- **讨论**，指参与者之间或引导者和参与者之间的双向讨论，如小组讨论、循环讨论、头脑风暴、小组命名技巧讨论、玻璃鱼缸式会议和推理。
- **问题展示和案例**，参与者做展示，并且需要有关改进的分析或建议，如案例研究、公文处理模拟、关键事件、连续个案研究、解决问题诊断和体验式学习活动。
- **艺术**，更具创意的方法，包括绘制肖像、卡通画、海报、标志、设计或雕刻。
- **玩游戏**，类似于戏剧的学习活动，但没有那么严肃，也更开放，包括角色扮演、角色转换、视频反馈、户外探险、即兴表演和模拟。
- **游戏**，涉及可以促成学习或回顾材料的任何事件，所用工具有平板电脑、卡片、电视、计算机，包括填字游戏、接力赛、纸牌游戏、计算机游戏、棋盘游戏和游戏节目改编等。
- **参与者主导**，指在向他人提供培训和分析自己的学习中参与者掌握主导权的情景，如技能中心、教学团队、自我分析、研究、在线研究和自我评估。

正如你所看到的，选择是多方面的。如果你想作为虚拟引导师引导教学课堂准备活动，你可以先了解一下如下这些作者：迈克尔 · 艾伦、简 · 巴贝切特、陈国平、克里斯托弗 · 达琳、辛西娅 · 克雷、玛格丽特 · 德里斯科尔、珍妮弗 · 霍夫曼、辛迪 · 哈盖塔、卡尔 · 卡普，贝基 · 普鲁斯、凯乐 · 普瑞斯、克拉克 · 奎因和帕蒂 · 善科等。

选择合适的活动

寻找可能的活动也许已经让你筋疲力尽了。你怎么知道选择哪些活动？首先，考虑学习目标。它符合哪种学习类型，是知识、技能，还是态度？

第一步：使 KSAs 与可能的活动匹配

第一步是使学习类型与活动匹配。当选择和开发活动时，你会参考你的学习目标。这是设计的重点，能够确保你在正确的轨道上。学习类型有三种，即 KSAs。还记得布鲁姆教育目标分类法吗？

工具栏：为什么使用活动

活动是令人兴奋的，并且非常有趣。但是，它们真的是最好的学习方法吗？露丝·克拉克在她的著作《基于证据的培训方法》（*Evidence-Based Training Methods*）中指出："积极的参与对于学习是必不可少的，但是，参与是身心的参与，而不是行为的参与，这是最重要的。"她建议我们根据时间和资源来设计和构建促进参与的环境，包括为有挑战性的参与活动分配协作团队。

为什么要为你的培训课程开发活动？根据多年的经验，我认为活动是有价值的，主要基于以下几个关键原因。

- **活动能够带来能量**。在你的设计中，使用活动可以让人们休息，有时间进行舒展（他们的大脑和身体）、缓解压力并获得能量。确保活动与课程内容相关，以便节省时间。
- **活动让人们一起学习**。建立参与者之间的联系，增加课堂上的知识流动。当大家共同分享、相互学习时，会发生更多的学习。作为培训师/引导者，你拥有大量的知识，但是小组的汇编知识要远远超过你所知道的。

- **活动促进实践学习**。活动可以让你尽可能调动参与者的感官，使参与者更好地记住学到的东西。
- **活动提供了一种强化信息记忆的方法**。尽管你知道重复是好的，但以同样的方式一遍遍说明同样的事情将使培训变得很无聊。活动让参与者以另一种方式体验相同的信息。活动对于回顾内容特别有用。
- **活动是驱动性的**。参与者做出回应，是因为他们都在积极参与。活动是一种愉快的学习方式。

- 知识（K）涉及智力技能的发展。知识学习的例子包括理解会计原理、了解童年阶段、理解利率如何影响经济或知道书籍如何出版。
- 技能（S）是指物理运动、协调运动、技能使用和所有柔性技能的展示。技能学习的例子包括使用数码相机、操作挖土机、有效倾听或踢足球。
- 态度（A）是指你如何处理事情的情感方面：情感、动机和热情。态度可能影响个体的表现。培训师有时会讨论参与者的“技能”或“意愿”是否会阻碍卓越绩效的实现。虽然培训师不能改变态度，但他们通常有机会影响人们的态度。

用正确的活动匹配各种学习类型（知识、技能或态度）很重要。中国石化胜利培训学院院长张玉珍认为，设计必须始于成人学习理论（正如第 2 章介绍），然后继续选择正确的活动。下面是考虑这一步骤的一种方式。

- **知识。**如果你希望人们获取某些知识，通过文章、图表、讨论小组或视频向他们提供信息。
- **技能**。如果你希望人们能够做一些事情并获得新的技能，通过案例分析、角色扮演、工作表或其他方式帮助他们练习。
- **态度**。如果你希望人们改变他们的态度或优先级，通过工具、辩论、小组讨论、结构化游戏或自我评估帮助他们探索并观察。

使学习类型与活动相匹配。表 5-1 中的示例将说明我的意思。一些活动可用于多种学习类型。不要试图完善此步骤。这只是让你开始的一小步。

表 5-1　KSAs 如何与活动相匹配

活　动	知　识	技　能	态　度
报告/演示	K		
辩论	K		A
小组讨论		S	A
专家讨论	K		A
头脑风暴	K		
案例研究	K	S	A
角色扮演		S	A
示范	K		
展示练习	K	S	
独立研究	K		
实地考察	K		
电影、视频	K		
模拟		S	A
游戏、结构化体验	K	S	A
讲义、印刷材料	K		A
动手实践		S	
笔记指导	K		

第二步：考虑活动的其他方面

在选择活动时，下一步就是要考虑活动的其他方面。对于不同的学习需求，你应该有不同的策略。通过问自己一系列的问题，你就可以确定选择哪个活动。

- **目的是什么？** 请确保设计确实能够满足参与者需求。如果他们需要实践，不要提供文字游戏与之匹配。

- **活动在多大程度有助于实现学习目标？**有时候，学习目标被分解成较小的部分。请确保你投入在活动上的时间能够代表最重要的目标，涵盖大部分内容。
- **活动需要多长时间？汇报需要多长时间？**如果你不知道活动需要多长时间，最好在课前与一个小组进行尝试。如果知识或技能非常重要，不要吝啬时间。此外，不要试图通过跳过汇报来节省时间。如果活动完没有汇报，参与者就不会明白“活动是关于什么的”。如果你的活动没有时间进行汇报，就不要开展活动。也可以考虑如何刚性约束活动时间，并且知道如果时间不够时应该怎么做。
- **时间投入对于将要发生的学习是值得的吗**？你可以以多种方式讲授概念。活动能够为参与者提供动手实践的机会，掌握那些难以通过讨论掌握的知识或技能。由于活动需要更多的时间，要确保活动涉及最重要的学习目标。
- **好玩吗——至少非常刺激和有趣？**活动并不都需要笑容和笑声，但如果活动没有一点乐趣，参与者就会寻找其他事情做或思考。对于虚拟课堂来说这是真的。你必须承认在虚拟环境中你会走神。
- **所有参与者都可以为这次活动贡献力量并从中学习吗？或者参与者的技术水平参差不齐吗？**你不可能了解课堂上的所有参与者，这也是你需要不断观察和了解参与者的原因。如果怀疑个别参与者可能存在困难，你要确定如何不明显地向他提供支持。微妙的支持可以通过如下形式提供：小组伙伴、个人任务分配或提供少量的场外指导。有时候，你也可以创建活动，让具有较高技能水平的参与者讲授内容。
- **活动看起来让人舒服吗？**选择风险较高的活动需要参与者事前有较长的时间待在一起。例如，角色扮演在培训后期会更容易被接受。
- **活动适合该群体的规模吗？**在规模小的小组内，有些专注创意和心理意象的活动可能看起来具有威胁性。与此相反，一些小组对于某些活动来说可能规模过大，或者空间不足而不能容纳所有小组成员，需要让他们分散开来完成整个活动。在虚拟教室内，需要保证时间充足，可以完成所有的小组活动。

- **活动能够保持参与者需要的基调和氛围吗？**如果你想打造团队精神，插入可能分裂团队的活动是不明智的。如果你想鼓励参与，对于安静的参与者可能感觉到威胁的活动要三思而后行。
- **活动与现实有关联吗？**如果没有，考虑另一个活动或添加相关性。
- **活动的灵活性如何？**塑造活动，让参与者很容易与当时的情形联系起来。
- **你能够提供清晰、简洁的活动说明吗？**越简单越好。记住，你的课堂上可能有 20 名、30 名或更多的参与者。如果你的活动说明非常复杂，但你仍旧认为活动非常值得，那么做好计划，保证参与者能够跟上你的活动指导。例如，你可以打印好活动说明，这样大家可以提前阅读，或者你可以将说明分成几小部分。
- **结束活动需要大量解释吗**？如果参与者结束该活动需要大量的解释，这会让参与者感到沮丧。最好跳过这一步。
- **活动的时间和顺序是什么**？避免连续两次进行类似的活动。此外，确定活动应该安排在一天的什么时候。午饭后立即进行活动。随着一天的结束，会增加活动的风险。
- **流程问题可能会对设计造成什么影响？**如果需要到外地培训，你可能不希望携带大量的道具。如果房间不够大，开展活动可能也比较困难。如果有两个培训师，你可以开展示范或角色扮演活动。设备的可用性也可能影

快速小贴士

选择活动看起来可能需要考虑大量的问题。如果你是设计新手，请将每个问题都过一遍。相信我说的话，最终这将变得很容易。阅读学习目标后你会立即有一个关于“什么活动是最好的”的想法。

响活动的选择。如果你的参与者没有经历过虚拟教室培训，将他们置于聊天情形中可能需要更多的时间。

- **经验会为参与者提供他们从活动中获得的技能或知识吗？**你能够很容易地将它与前一个和下一个培训模块联系起来吗？最后，你将如何评价你所选择或设计的活动的有效性？

这些问题的答案将带领你做出正确的选择。

最后但很重要的关于选择活动的观点

活动可以设计得很有趣并被规划到你的培训中，但要记住，平衡是关键。为了使活动或游戏获得成功，一定要做好以下几点。

- **有目标**。请勿只是因为你拥有足够的空间、活动看起来有趣就将活动设计到课堂中。
- **进行尝试**。在设计阶段，于小组中实验这个活动，看它是否能够实现你的目标，而这正是你选择此活动的目的。
- **考虑变化**。当设计培训项目时，融入不同类型的活动。例如，在一天内使用多个案例研究是不可取的，因为你拥有可选择的如此多的活动，以及这么多参与者的不同学习偏好。利用色彩、图表、图片和故事满足参与者的视觉偏好和对视频剪辑的喜爱；利用角色扮演、游戏和实践满足参与者的行为偏好。
- **创建一致的主题**。当设计培训项目时，你可以考虑一个一直使用的主题或可以反复使用的早期事件来创造一致性。在本章开始的破冰讨论中，我使用了“我的 T 恤”破冰游戏。在整个培训过程中，我会继续使用参与者在破冰游戏中创作的 T 恤图案。我是怎么做的？在团队形成阶段，我将“我的 T 恤”破冰游戏作为一项团队建设活动。在剩下的三天，参与者在彼此的 T 恤上书写，完成如下这些表述：

—我今天学到的是……
—今天我可以做到的是……
—我想知道关于你的事情是……

提出有效培训设计的六项建议

如果你考虑如下建议，启动设计将更容易。

1. **目标**：让培训以你的学习目标为基础。

2. **限制因素**：请记住设计的限制因素，包括时间、资金和支持。

3. **内容**：利用现有的资源——内容专家、书籍、你自己的经验或现成的材料。使用思维导图来创建一个潜在的内容主题列表。

4. **内容排序**：选择一个能让参与者容易理解的内容排序——从易到难、工作顺序、风险从小到大、时间顺序、问题解决方案从广泛到具体、优先顺序。

5. **设定预期**：提早设定预期，确保你培训的头 30 分钟能够设定后面整个培训的基础。如果你期待参与，那么让参与者提早参与。如果整个培训节奏很快，开始的时候也需要节奏快。

6. **活动和媒介**：关键是利用成百上千种活动的优势，如案例分析、游戏、角色扮演、示范、拼图、讨论等，并且把尽可能多的活动融入课堂中。你如何选择活动？考虑参与者、目标（技能、知识和态度）、你的风格、一天的时间、可用的时间、位置、可靠性和其他活动的顺序。

检查设计

使用此清单检查你最近设计、交付或参加的一堂培训课。哪些部分是相同的？为什么？你会做出哪些改变？为什么？你将如何做出改变？在设计自己的培训课程之前，浏览这个清单是一个很好的做法。

- 内容是基于目标的；
- 内容是准确的；
- 排序是合乎逻辑的；
- 开场能够澄清目的；
- 提早启动参与者互动；
- 活动的变化包括在内；
- 活动的节奏有所变化；
- 参与者有机会为活动做出贡献；
- 实践活动可以迁移到工作场所；
- 视觉效果支持学习；
- 内容涉及参与者需要或想要的学习。

表 5-2 提供了设计的“模块预览”。我创建这个模板是为了轻松地检查和评估我的设计。我还用它来保持交付培训时的条理性。

表 5-2　模块预览

时间：125 分钟

目标：

- 确定如何在培训课程中应用成人学习理论。
- 在课程开场列出关键元素。
- 内容回顾。

续表

主题/内容	学习方法	材料/媒介	时　间	页　码
应用成人学习理论	个人活动；小组讨论	幻灯片	30 分钟	14
列出关键元素	角色扮演和讨论	角色扮演卡片	60 分钟	15 ~ 17
休息			15 分钟	
内容回顾	接力比赛	两个活动挂图奖品	20 分钟	NA

使用过渡技术

如何从一个主题过渡到另一个主题是很重要的——不是对于你，而是对于你的参与者。请将日程上的事件合理安排。你的过渡应该向参与者展示相关性和主题之间的关系。帮助他们看到全局和主题是如何连接的，展示你的专业水平。下面这些想法会使过渡更容易。

- **利用逻辑流程和序列设计培训项目。**这对于平滑过渡是非常重要的。
- **在过渡到下一个主题时，把每个主题做一下总结**。询问参与者是否有问题。当问题结束时说“现在让我们继续……”
- **在章节之间使用小结实现过渡。**你可以自己做总结，但这没有必要。你可以让参与者做总结，或者你可以把参与者分成小组，然后让每个小组做简要总结。
- **选择一个和上下主题相关的共同主题**。从一个主题过渡到另一个主题时，使用相关的共同主题。例如，告诉他们你刚刚完成的角色扮演与下一个主题的关系。
- **使用搭积木的方法。**在你的过渡中，从前面的讨论中总结概念，这也将是你随后的讨论的基础。
- **利用视觉线索。**按照议程或流程图展示从一个点到另一个点的变化。我有时使用道具。例如，我在讨论团队10个构建模块时会使用“2 × 4”模块“构建”结构。

虽然展示整个培训的练习是非常困难的，但过渡练习是非常简单的。将你的培训课程过一遍并写下每个关键点；接下来，寻找前后活动或演示文稿之间的关系；然后，开发并在你的培训笔记上写下过渡部分；最后，进行排练，直到变得非常熟练。

工具栏：给参与者设计讲义或材料

你已经创建了一个令人兴奋的设计。请确保参与者的讲义或材料将同样令人振奋和实用。参与者的讲义或材料不应该仅仅是一张全是文字的纸。如果你将以下因素考虑进来，就可以确保讲义和其他印刷材料是有效的。

- 明白讲义将在记笔记、练习和作为未来资源方面发挥什么作用。
- 使用字号大小、字体不同的标题和副标题。
- 不要使用太多字体。
- 使用衬线字体，让字母看起来流畅。
- 使用图和表。
- 使用着重号、破折号、边框、缩进和边距，方便阅读。
- 标注页码。

使用技术：虚拟培训、社交媒体、移动学习

有时候在设计有效培训项目时，培训师在高科技和高互动学习体验的选择方面感觉具有挑战性。实际上，这两方面在培训课堂上不可能做到100%或 0%。基于技术的培训需要互动，让参与者与课程内容进行连接；而基于互动的培训可以通过技术得到改善。通过混合高科技和高互动，培训师可以创建令人难忘的学习体验，使参与者在真实教室中或计算机屏幕前的时间得到有效利用。

中粮培训中心副总经理刘菲谈到了中国的迫切需要。她发现，设计对培训结果很重要，但中国的培训师缺乏设计能力。另外，可用的评估工具也较少。她认为这种情况会不断改善，因为许多公司从供应商（如 Hay 和 DDI）那里购买课程之后都开始进行量体修订。

虚拟培训

我们大多数人都知道，你不能简单地将课堂内容倾倒在一张乏味的幻灯片上，或者仅仅于在线课堂上输入文本。正如我刚才几次提到的，你设计的虚拟培训需要遵循与传统教室培训相同的基本原则。利用下面这些建议激发你的虚拟培训。

- 首先思考学习目标，然后思考交付工具，保持课程的聚焦。根据什么会使你的培训内容更有意义而不是根据你可用的技术工具来设计你的虚拟培训课程。
- 使用异步讨论区，交换有关问题、案例分析和头脑风暴课程的想法。
- 通过调查实现最快的互动，询问参与者的意见。
- 利用分组会议创建虚拟团队，使其以同步模式协同工作来搜索信息，澄清有挑战性的数据，回答讨论的问题并解决问题。
- 在参与者指南中加入所有同步活动和练习的指导，实现最大化的理解。大声阅读指导中的说明，并鼓励在开始任何活动之前澄清问题。
- 通过向参与者发送可以提前阅读的文章或可以观看的视频链接，减少演示的时间。在聊天室使用“现场和在线”时间回答有关文章的问题。

社交媒体

在培训与发展中使用社交媒体工具和社交网络活动是新的常态。受社交网络影响而不断成长的社区对组织非常有益。员工使用社交媒体工具直接从源头获取信息。培训师使用社交网络工具继续发展员工。社交媒体延伸和拓展了培训与发展，使其超越了虚拟培训和传统教室培训。

社交媒体和网络并不是新鲜事物。自 20 世纪 60 年代末柏拉图公告板系统时代起，这些软件就已经问世了。一些较旧的网络和讨论板，如校园服务和新闻组，因为其不便利的接口，已经退出了大众的视野。社交媒体技术更容易使用，培训师可以通过技术来支持组织的需求。今天的工具给培训师和参与者双方授权。

易于使用的环境保证了参与者和培训师之间的一种更易互动和非正式的关系。但是，是什么促使其发生的？是如何做到的？无论是虚拟还是真实课堂，社交媒体都将讨论延伸到了课堂之外。社交媒体提供新的有效学习工具和更广泛范围的内容。社交网络为培训师提供了满足参与者的更多途径并更容易发现他们的需求。社会化学习为组织、培训部门及参与者带来了机会，他们可以快速、准确地识别员工需求并在需要的时间和地点提供内容。

这些工具可以做什么？它们是培训师的一个梦想。其最大的优势是可以跨越时空限制。试想一下，肯·布兰佳正在访问你的组织，讨论领导伦理。你们可以在波哥大、北京、柏林和巴尔的摩的会议室建微信群，这样其他人就可以加入。

你的组织可能会开网络研讨会。如果你将研讨会录下来，员工就可以回去随时查看。博客和 QQ 空间对于发布当前的内容非常实用，短消息也可以通过新浪微博账户发送。LinkedIn 鼓励企业范围的交流，同时问答环节也可以在微博和微信中创建。花时间去发现社交媒体工具如 QQ、QQ 空间、微信、微博、人人网等的作用，通过提供小测验、游戏、调查、短消息提醒或网上虚拟空间扩大你的选择。

下面是一个将社交媒体融入学习的例子：某食品制造商最近为高潜力的员工创建了一个领导力发展项目。这个为期三年的项目把年轻有为的员工置于快速发展的轨道上，不断发展其技能并获得相关经验。这个项目包括 27 名员工，遍布五个不同的国家，包括中国在内。因为团队精神和协作对公司来说是两个关键因素，所以培训和开发部门为他们成立了一个 LinkedIn 小组。时间表也已经公布，新的概念文件将每隔一周发布一次。每个成员都被分配了一个特定的日期并负责在一年中上传其中的一个概念文件，这个概念文件是成员自己觉得关键且项目中的其他成员需要了解的。文件发布后一周，项目成员在微信上进行讨论。他们也将每天交流问题和想法。

移动学习

学习掌握在你的手中。还有什么比这更好？移动学习（m-Learning）是通过移动设备（如智能手机或平板电脑）发生的学习。移动学习一直是近些年来讨论的主要话题，尽管它比预期发展得要慢。

用于学习的智能手机需要有能产生有效学习的“模块”。什么才能构成一个好的移动学习模块？

- 简洁——大概不超过 5 分钟；
- 鼓励用户反馈；
- 简单明了，容易理解，因为用户不太可能处于一个无干扰的环境中；
- 理想情况下应该提供即时支持或需要的知识，如策略更新、工作支持或简短的沟通技巧。

上海一位培训师为 20 名参与者讲授了一节演讲技巧课，参与者是来自全国各地为各种演讲角色做准备的人。许多人非常紧张，因为演讲对他们的职业发展非常重要。接下来的几个星期内，她发短信给每位参与者，询问简短的问题，如：“你今天练习呼吸了吗？”“今天你使用了哪种实践技巧？”“你将使用什么组织模式？”所有参与者都被提醒应用他们已经学到的知识。此外，因为她有参与者演讲日期的日程安排，她可以在恰当的时间为每个参与者发送定制信息。

移动学习可以让你为技能清单配置一个很小但很关键（时间或重要性）的数据点，使你与参与者快速连接。它为参与者提供内容，使参与者为你提供最新情况，并保持你们两者之间的关系。

根据克拉克·奎因的观点："最终'移动'会消失；学习将无处不在，没有缝隙，并将充分利用我们的优势和当前的数字技术影响我们的行动，为我们的行为增加独特的价值，使我们在当下更有效，并且不断发展我们的技能。因此这将催生一个新的 App，你应该做好准备利用这一机会。"你准备好了吗?

潇洒地结束培训

现在是下午 4 点 55 分，你的培训将在 5 分钟内结束。你只是说"这就是今天所有的内容，再见"吗?

好了，当然不是。尽管结束培训是你将要做的一小部分，但这是非常重要的一部分。只是，培训的这部分需要多长时间？在培训持续半天的情况下，你至少需要 15 分钟。对于持续一到两天的培训，你至少需要 30 分钟。在持续 90 分钟的虚拟课堂中，留出 5 ~ 10 分钟。如果你打算在参与者离开前对他们进行测试，你就要增加时间完成测试。这些只是依据我的经验得出来的，你可能面临各种特殊的情况。

你的结束应该为参与者营造一种仪式感，也应该为他们随后应用所学提前预热。那么，在培训结束的设计中，会包括什么呢？使用下面的清单作为提醒：

- 确保预期得以实现；
- 设计欢送体验；

- 评估学习体验；
- 请求反馈和改进意见；
- 总结培训取得的成就并获得行动承诺；
- 用一两句鼓励的话语和他们告别。

确保预期得以实现

一个确保预期得以实现的简单方法是在日程上设定时间，回到课程之初参与者分享的预期。你实现所有预期了吗？

设计欢送体验

你可能希望为你的培训设计结束语。它可以用来说明下一步的承诺，回顾培训的重点，计划下一步的行动或确定如何应用我们学到的东西，也可用于庆祝成功。

如果小组成员间已经建立了互信关系，你可能还希望帮助他们保持联系，特别是如果小组成员在不同的部门、不同的位置甚至在不同的公司工作时。姓名和电子邮件地址列表是可以提供的一种简单的形式。

我通常会设计许多欢送体验。一种古老的我最喜欢的方式是，让所有参与者站成一圈，让每个人说出接受 10 天的培训后他或她未来会怎么做。我喜欢这种方式，主要有两个原因。第一，每个参与者的想法都可以为其他参与者提供进行尝试的建议。第二，本次行动可以帮助参与者将培训和现实世界连接起来。

评估学习体验

你希望开发课程评估。请记住，你可能需要在几个不同的级别进行评估。实际情况是，如果你是新来的培训设计师，别人会帮助你进行课程评估。你将在第 8 章学习关于评估的其他信息。

请求反馈和改进意见

你可能还期待在下次培训之前获得参与者的反馈和改进意见。是的，你可以在你设计的评估问卷上询问一些这样的问题。然而，小组讨论往往能够产生更多有用的想法，因为你可以即时澄清问题，同时获得改进意见。

总结培训取得的成就并获得行动承诺

为了节约时间，我通常以某种方式将这一点融入欢送体验中。你不妨通过一个游戏，或者如果时间非常关键，你不妨在课程结束时开展短暂的大组讨论。检查预期和学习目标，确保它们都已经实现。然后让参与者谈谈他们回到工作岗位后打算如何实践他们所学的知识。

快速小贴士

好的培训结束活动还包括让参与者向其主管发送预约见面请求，讨论培训的成果。这是一个确保学习迁移发生和获取主管支持的好方法。

在一些课程中，参与者自己会撰写有关他们打算进行的两项绩效改进的备忘录。你可以让志愿者和小组其他成员分享其中的一个。他们可以将备忘录放到一个信封内并写上自己的地址。你可以收集它们，一个月后，将所有参与者的备忘录寄给他们。

用一两句鼓励的话语和他们告别

我喜欢做的最后一件事是展示一幅卡通画、一句名言或一些鼓舞人心的观点，这些既对参与者有益，也与他们必须采取的下一步行动相关。有时候，我会谈到态度并解释说，他们可以携带体验离开课堂，他们可以用两种方式解释这些体验。他们可能相信自己会成功，也可能不相信自己会成功。不管他们相信什么，他们都将是正确的。这真的是态度问题。正确

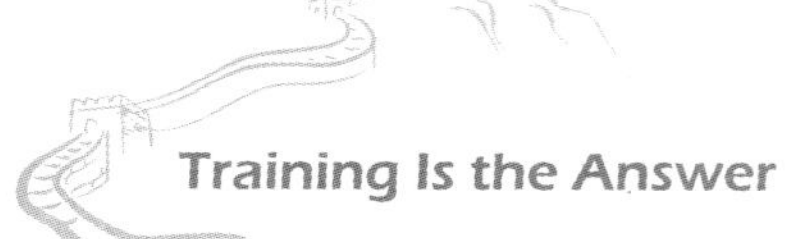

的态度会让参与者在发展技能的道路上走得更远。

结束我引用了好几次的 T 恤游戏，我会让他们拿走自己的 T 恤。我鼓励他们把这件 T 恤带回家，挂在他们的冰箱上。这是一项美妙的活动，特别是如果他们有孩子时。妈妈和爸爸将功课带回了家！它会开启有关培训课堂上发生的事情的讨论。T 恤上的座右铭是一个有趣的讨论点，参与者写在 T 恤上的评论对整个家庭来说更有趣。

最后，站在门外，和参与者握手，祝他们好运并说“再见”。确保在计划中设计足够的时间，包括恰当的告别。因为超出了时间限制或结束的设计不如课程的其余部分紧凑，导致培训不尽如人意，这令人非常沮丧。

本章提示：设计和开发你自己的培训课程

如果你不是一名培训设计师，这一步可能在你被分配为客户提供培训课程时就已经完成。培训设计和材料开发几乎都不会完美。你可能需要调整材料或活动。但是，如果你是一名培训设计师，记得要在两个重要基础上进行设计：成人学习理论和学习目标。不论你是培训设计师/开发师，还是引导者/培训师，确保计划能够满足参与者的需求，这样既有趣又实用，而且它也能够解决你所在组织的担忧或问题。下面这些指导可以作为一个很好的提醒。

- 如果目标不够具体，不准确的个人解释也许会出现。
- 撰写目标时请记住：
  - 简短而中肯，每个目标中仅包括一个主要项目；
  - 使用可观测的动作动词描述预期的结果，你可以看到（或听到）“列举”“演示”“计算”，不能看到（或听到）“记得”“相信”“学习”；
  - 确保目标是现实的，哪些在培训中可以实现，以及你拥有哪些可用资源。

- 在课程开始时告知参与者学习目标。
- 在设计中融入多种培训活动，以保持参与者的兴趣。
- 设计各种团体，保持参与者的兴趣：两人组、三人组、和其他桌的人成组、一桌人一个小组、两个团队、个人反思。
- 将投资回报率加入你的破冰游戏。例如，参与者将了解彼此，此外，你也会了解他们的期望。
- 设计你的过渡内容。接力赛跑最大的问题发生在“传递”过程中。当你从一个主题“传递”到下一个时，不要让同样的事情发生。
- 使设计有趣、令人难忘、实用；你的参与者将会感激你。
- 布置课前作业，让大家在课程开始前加速。例如，参与者可以收集数据用于活动。或者你也可以为他们录制一个小视频，让他们提前观看。
- 游戏应该有简单的指令，能补充能量，促进学习，对受众合适。确保有足够的时间进行游戏和汇报。
- 确定你将如何促进参与者之间互动。
- 将道具带入课堂，帮助人们记住关键点。

本章奖励活动
将我的演讲带回家

概述

这项活动是为了让参与者查看他们的课堂作业。

参与者

4～5 组中的 5～20 人。

流程

1．在学习演讲技巧培训课程时，鼓励大家带来他们的平板电脑或智能手机。

2．将参与者分成小组。

3．要求个人轮流做演讲或讲话。

4．让一个人用手机录下演讲者的演讲内容。

5．让团队中的其他成员向演讲者提供反馈，将反馈清单提前发放给他们。

6．在小组间走动，让他们轮流演讲并录音。

7．鼓励参与者将录音带回家，并且和他们的孩子或朋友分享。

其他应用

这项活动也可用于记录演示。

实例

我在北京的培训培训师课程上使用过这项活动。每个参与者进行 10 分钟的演讲。我们使用的反馈清单如下。

演讲者的反馈清单

为你的同事提供下列项目的坦率反馈：

- 你看到的（手势、动作、姿态、习惯、紧张）；
- 你听到的（音高、停顿、发音、语速）；

- 内容；
- 眼神交流；
- 问题被如何回答；
- 外表（信誉、有能力的）；
- 演讲者正在努力改善的特别方面。

第 6 章

提供培训：授课前做好准备工作

如果我要变换一下 ADDIE 模型，我会称其为 ADDPIE 模型，P 是指准备（见图 6-1）。

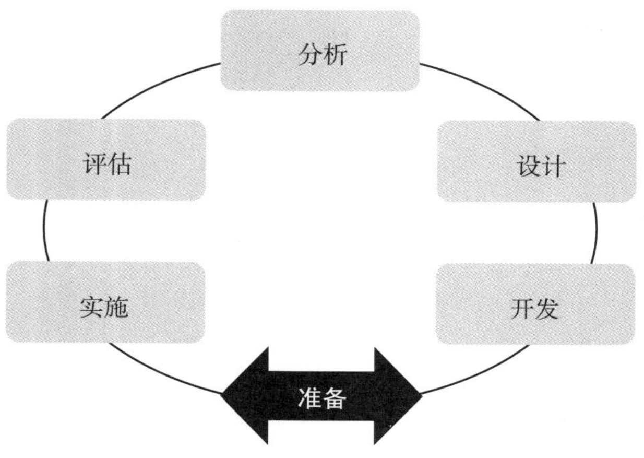

图 6-1　不是 ADDIE 模型，而是 ADDPIE 模型

很多培训师都没有充分强调成功的培训所需的准备工作。在成为培训师的初期，我们通常遵循一个 10：1 的练习规则：课堂上的 1 小时需要课前花费 10 小时对材料进行准备——练习。这里我仅仅指进行展示练习，并不包括房间、客户、参与者或试听设备的准备工作等。是的，这显得非常老套，但如今即使 1：1 的比例也是非常罕见的了。

陆扬的新书《培训师的七门必修课程》第 1 章就是“课前的充足准备”。作为中国石油天然气公司的一名培训师，她把准备工作当成一名成功培训师的一项重要义务。鲍勃·派克（Bob Pike）同意她的观点，认为成为一名优秀的培训师以及促使参与者积极参与 80%取决于充足的准备。实际上，他的 6Ps 原则也提醒了我们准备的重要性。他的表述是“适当的准备和练习能够防止表现不佳”。

你能为参与者做的最好的事情就是为他们的成功做好准备。如果不需要担心你自己的那部分，你也可以专注于你的参与者，这也是你最重要的工作。

培训就像一座冰山。大多数参与者只能看到最上面的 10%：无差错的幻灯片、精心设计的参与者材料、舒适的房间设置、你的专业技能，以及你有条理的展示。这一切看起来都是那么容易！把这当成对你所做准备的一种恭维吧。本章将探讨参与者永远也不会看到的那 90%：

- 如何准备物理环境；
- 如何准备积极的学习环境；
- 如何让参与者做好准备；
- 如何让客户做好准备；
- 如何让自己做好准备。

如何准备物理环境

让我们从准备物理环境所需的众多细节开始。你的参与者会在你开始之前的 30 分钟走进培训教室。他们会看到什么？多余的椅子堆叠在房间的一边？角落里放着空箱子？百叶窗被拉得歪歪斜斜？IT 人员走来走去调试投影仪，为使其与你的计算机同步，这样你就可以展示幻灯片？你在公文包里到处翻找遥控器？课堂材料被随意地放在桌子上？请从参与者的角度考虑一下。这种情形让你感觉如何？是的，有时候总会出现某些问题，但适当的准备可以帮助你消除大部分问题。

为什么要花时间准备环境？两个原因如下：

- 如果环境有利于学习，参与者将学得更多、更好、更快，显然，这意味着不仅仅是简单的整洁有序；
- 如果组织有序，你将对自己的能力更加有信心。如果你不必担心房间布置的细节，你将更好地满足参与者的需求。

房间布置

让我们从房间布置开始。任何培训设计的基础是什么？学习目标。房间如何布置的基础是什么？学习目标。目标会告诉你：

- 需要多少准备？
- 参与者在一个团队中工作或与许多不同的人一起工作，还是在两者的结合中工作会有最好的体验？
- 课程的次要目标是让整个小组一起工作，而不是作为一个团队（一个部门或职能小组）一起工作？
- 个人反思是否必要？

就房间而言，你可能没有其他选择，所以你应该充分利用你拥有的资源。当你有其他选择时，下面是你需要考虑的一些属性。

- **大小和障碍物：**针对参与者的数量而言，房间应该大小合适。如果房间太小，大家就会挤在一起，开展活动会比较困难，而且房间也会变得很热。如果房间过大，那么营造一个舒适温馨的环境也比较困难。你听到那个回声、回声、回声了吗？当然，还要当心房间中间的那根大柱子。如果窗户在房间西面，并且没有窗帘，当下午的阳光照进来的时候，幻灯片将变成一片白色。如果学习目标要求小组活动，是否有足够大的空间使他们在进行小组活动时不会彼此干扰？如果没有，要求一个或两个分组讨论室。
- **位置**：房间应该位于一个容易找到且容易到达的地方——位于建筑物内部，车辆可以直达。需要在两个街区外停车及雨中走路都不是一天培训好的开始。确保房间方便所有人，包括那些行动不便的参与者。查看其他膳宿的便利性，这将有利于提升参与者的满意度，如饮水机的位置、洗手间、茶点、午餐以及那些距离较远的参与者的晚间住宿。这些便利将有助于确保参与者感到满意，并且在休息和午餐后返回教室。
- **结构和家具：**有时，会议中心或酒店的墙壁非常薄。如果你的隔壁房间举行销售会议，你的参与者可能很难听到你讲的内容。此外，检查可用的家具。如果你想要圆形会议桌，但只有长方形会议桌，你可能需要凑合。如果在酒店里，桌子上可能有桌布。桌布是铺在桌子上的针织物，一直垂到地面。桌布能够盖住损坏的桌腿，但是如果它们缠住参与者的脚，那就变成干扰了。如果提早知道这些事情，你就可以有机会做些改变。如果桌子上没有桌布，检查桌子的清洁度。在我的职业生涯中，我曾经用力擦洗过看起来非常不整洁的桌子。那么椅子呢？请尽可能提供最舒适的椅子。理想的培训的椅子应该具有以下的特征：

  — 可以调节高度；

  — 有靠背；

— 有针织装饰品，而不是皮制的；
— 有可以调节的扶手以缓解身体的疲劳，理想状态下前臂放置时应与上臂成 90 度；
— 用来到处移动的轮子；
— 有转轴以便参与者易于跟小组成员讨论；
— 座椅大小至少 50cm×50cm。

- 典型的培训教室放置的椅子很少能够满足这些标准，但房间布置应满足你的议程需要。表 6-1 标识了最常见的六种座位安排，按照从我最喜欢的到我最不喜欢的顺序列出。你经常没有选择的余地，只能凑合着用。但是，最好还是提前知道。

表 6-1　最常见的六种座位安排

安　排	小组大小	优　点	缺　点
U 形	12 ~ 22 人	鼓励大组讨论；构建更大的团队；亲密接触参与者	如果是一个小房间，可能难以与别人一起商讨问题；线性布局会使参与者之间眼神接触变得困难
人字形	4 ~ 5 人一组，最多 25 人	小组中参与者互动容易，所有人都不会正对前方，最好使用方形桌子	促进整个团队之间的合作有些难度
集群式	16 ~ 50 人	促进团队合作；如果椅子都在一侧，则大家都面朝前方	很难吸引那些背对你的参与者；一些参与者可能需要移动椅子以便面向前方
圆/方形	8 ~ 12 人	便于解决问题；利于提升参与度；培训师容易开展活动	多媒体和视觉设备使用困难；有限的小组规模
会议桌式	8 ~ 12 人	小组成员间可适度交流	培训师处于领导地位；给人以正式感；不能使培训师亲近参与者

续表

安　排	小组大小	优　点	缺　点
教室式	任何规模	传统，可能是参与者期望的；方便培训师控制；参与者可以看到视觉效果	低参与度；单程交流；难以形成小组

- **电器：**确保照明充足。灯光足够亮，这样你的参与者就不会在昏暗灯光的房间里陷入沉睡？注意，如果你使用的是 PPT 演示文稿，如今的投影仪不需要你调暗房间的灯光。通过保持灯的亮度，让你的参与者充满能量和热情（和清醒）。说了这么多，要了解房间中灯的开关位置在哪里。查看插座的位置和屏幕的位置。避免你在整个陈述过程需要不断地跨过整条电线。更糟的是，如果你的参与者想在课堂上做展示，而没有可供录音的插线板，就会成为一个隐患。
- **温度控制：**你的参与者中，1/3 可能嫌太热，1/3 嫌太凉，1/3 觉得恰到好处。你无法取悦每个人，但如果你能自己调节温度，你可以试试。讲课之前，测试一下房间温度（在你布置房间的前一天），并检测温控设备能否迅速做出反应？你是否需要联系别人来帮助你？
- **墙壁**：你有足够的墙面空间悬挂白板纸吗？有时，墙壁上有太多窗户和艺术作品，没有空间再挂任何东西。许多时候，我会从墙壁上移除艺术作品，需要处理挂图的那个钉子。即使有足够的墙面空间，墙壁可能仍无法使用，因为可能覆盖毡状织物。用胶带固定白板纸是不可行的，因为它们可能会在你试图阐述某个至关重要的观点时飘下来。有时候，可以在这样的墙壁上试着使用图钉。如果会议中心的业主不让在墙上使用图钉，这时可随身携带一种特殊的绳子。这种绳子不漂亮，但它能保证不沾涂料。最后，确保你使用的记号笔绝对不会透过白板纸。我知道的唯一品牌是“素描先生”。它们不

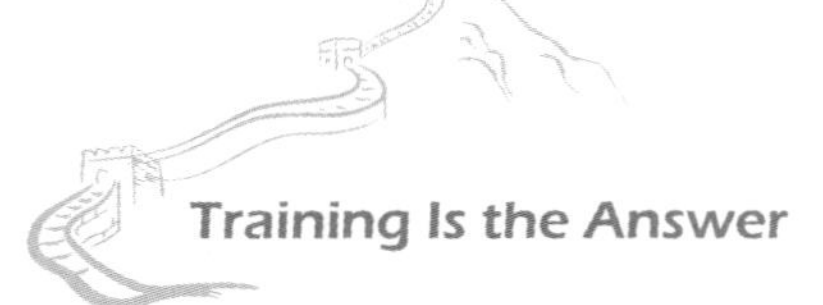

仅不会透过白板纸，而且是有香味的！

这是虚拟教室：我没有房间

虚拟培训也需要尽可能多的“布置”和同样的准备时间。虽然你没有一个真实的房间，但几乎所有关于真实教室培训师的意见也适用于虚拟教室培训师：找出谁会参加你的培训、实践，创造你的个人清单，上课过程保持井井有条。但是，这里还有几件事情对于虚拟教室布置是独特的：

- 与你的制作者见面。
- 测试音频。
- 通过你选择的方法编写和发布营销内容。
- 跟踪注册和报名情况。
- 通过电子邮件或中央存储器分发材料。
- 与参与者沟通，确保他们知道如何设置并测试他们的计算机、关闭弹出窗口、关闭他们的电子邮件、张贴请假消息以及进行其他操作，以确保他们能够专注于培训课堂。

如果你的组织有一个学习管理系统（LMS），大部分会议前的准备将实现自动化，以节省你的时间。然而，缺点是错过了我们职业构建的基础——个性化和与参与者的接触机会。很多情况下，我们需要与参与者直接接触，特别是对于一些技术新手，如准备参加连续几次培训的第一次培训，或者参与者是全球性的。

设备

如果有什么会出现问题，它通常与你的设备有关：投影仪与你的计算机不匹配，挂板上没有纸，DVD 播放器缺少电线，延长线不够长，或者你的记忆棒在旅途中损坏。不管你的问题是什么，这些问题都可能阻止你开展期望的课堂教学。

虽然下面这些建议无法保证你不会出错，但依照下面这些建议肯定会增大你成功的概率。

- **一周前进行测试**。安装设备，将每一张幻灯片都过一遍，准备好活动挂图页面并检查可见度。如果你害怕出现什么问题，如嵌入式视频片段、声音片段或动画，那么事前多测试几次。如果你从来没有使用过活动挂图，尝试浏览、翻录和悬挂技术。（你是否曾经花一天时间盯着挂歪的活动挂图？）如果有新的遥控器，试试吧，尤其是激光笔。这是一个学习的好机会，能够测试使用激光笔时你可以离你的计算机多远。
- **一天之前设置。**也许防止错误发生的最好应对方法是在一天之前进行设置。如果缺少某个东西，或者出现不兼容，或者在运输过程中损坏，你还有时间来调整。检查所有的设备并设置适当的音量。检查整个房间的音量，特别是当你需要依靠一台计算机的声音时，因为计算机的声音往往不好，这点大家都知道。打开所有的设备，确保其在同一时间工作。确保投影仪有匹配的镜头，并且是干净的。检查屏幕是否够大，用纸胶带标识投影仪的位置，以便如果它被移动时可以轻松重置。坐在参与者座位上，保证每个参与者都可以看到画面。例如，你可能要看一下活动挂图的位置会不会阻碍参与者看清屏幕等。如果你正在使用一台计算机，请确保你有进行访问的登录 ID 和密码。
- **有可用的合适材料**。我已经提到了使用的记号笔不要穿透白板纸渗到墙壁上。使用水性记号笔，不要在纸上用可干擦马克笔，它们只能用在白板上。可干擦马克笔会迅速干透，不能让你清楚书写。
- **做好应急准备。**为遥控器准备额外电池，为投影仪准备额外灯泡，以及为其他电器准备额外延长线。学习一些你最经常使用的设备故障排除技巧。下一次技术员“修复”设备时，询问他是怎么修复的以及故障原因。打包一卷胶带来固定活动的电线。如果你不使用自己的设备，请确保有能为你提供帮助的人的姓名和联系电话（最好是手机）。最后，制订一个替代计划，以防出现问题。所有培训师都可以在没有幻灯片的情况下进行一场成功的演示。你只需提前准备好，想好你可能会做的事情。

处理好所有有形的东西，为环境做好准备。

如何准备积极的学习环境

你将讲授知识和技能。你最好模式化，专注于你的参与者，创建信任和相互尊重的学习环境。从两个方面来说，准备至关重要：

- 为了使环境安全、舒适，你需要做好准备。
- 做好准备，就不必考虑如何应对下一个出现的问题或讲义落在哪里了。注意要保证参与者感到安全、舒适和可靠。

你遵循的建议越多，培训越成功，想在休息期间与你交谈的参与者就越多。而他们休息期间与你交谈得越多，你为休息后的活动做准备的时间就越少。因此，你需要做好准备。

让环境变得安全

每个参与者都会有不同的心态。你的任务是使环境对于所有的参与者都是安全的。

- 在门口及早准备与参与者打招呼。
- 展示一个标志或一张幻灯片，告诉他们培训地点正确的位置，并且进入房间是“安全”的。

快速小贴士

我总是试图在培训的前一天布置房间。然后，我总是在培训的第一天提前两小时到教室，而在其余的时间会提前至少一小时。这对于我所有的中国参与者和客户都是一个巨大的惊喜。为了准备好，你必须做到这点。

- 询问每个参与者的姓名，并且让他们告诉你关于自己的一些事。
- 较早分享培训目标，让他们知道会发生什么。
- 让参与者知道为他们准备了什么。
- 通过使用参与者的名字和表达真诚来建立和巩固关系。
- 学习让参与者展示的技巧。
- 创建体验式学习活动，让参与者发现他们自己独到的见解。

让环境变得舒适

提前到达，像欢迎你的客人一样欢迎参与者。每次进行培训时，我至少提前两小时到达。在中国，当参与者提前 30 分钟到达时，看到我在那里，他们会非常震惊。我明白早到对中国的培训师来说并不习惯。然而，我相信这是你展示专业性的途径之一。

工具栏：是否应该使用参与者的名字

在传统教室使用名字。我喜欢用桌牌，让参与者写上自己的名字。有些引导者喜欢使用胸卡。无论你选择什么，确保可以让人看得清。例如，要求参与者使用马克笔在正面和背面写上他们的名字，并且尽可能写大些，这样即使离得很远，也能看到彼此的名字。如果使用预先打印的名字，确保字体是粗体，并且站在几米之外也能看清。

在虚拟教室使用名字。在你旁边放一张包含所有参与者的名单。即使有一位主持人会通过检查课堂上的音频连接和其他任务“开启”课程，你或引导者也应该欢迎参与者。从这里开始与参与者建立关系。我建议你鼓励参与者提前 10 分钟进入。当然，你应该已经在那里，叫他们的名字来迎接每一个人。添加简短评论，如“欢迎回来”“你在什么位置”“深圳今天的天气怎么样”，这有助于和参与者及早建立融洽的关系。在虚拟教室中，通过直接使用参与者的名字呼叫他们。

参与者应该是你的焦点。重复一遍：如果你没有做好身体和心理准备，聚焦参与者是非常困难的。

在传统教室中，请记住以下几点：

- 将灯光调亮。对我来说，没有什么比走进一个昏暗的房间更令人沮丧的了。
- 为多数参与者将空调调节到最舒适的温度。记住，你永远不会在所有的时间取悦所有的人。尽力而为。
- 确保环境“看起来”舒服。将空箱子藏起来。椅子要放正。材料整齐、均匀地放到每个参与者的座位上。这种井然有序的布置是告诉参与者你已用心为他们做好了准备。

快速小贴士

需要有自然光的房间。即使今天没有太阳，自然光也比人造光更让人感觉舒适。

- 确保所有参与者都能够看到你和听到你的声音。试试看，坐在他们的座位上，所有的参与者是否能够看到你和听到你的声音？
- 安排可用的最舒适的座椅。
- 用最有利于学习的方式来摆放桌椅。
- 确保每个人都有足够的私人空间。
- 准备额外的钢笔和纸张。
- 在上午提供咖啡、茶、水。

在虚拟教室中，请记住以下几点：

- 在课前与你的参与者联系，确保他们可以准时上线。
- 在上课前，确认参与者收到讲义或他们需要的其他材料。
- 在虚拟课程开始前，确保你的参与者明白如何设置自己的计算机。他们可能对于你将使用的特定虚拟教室平台没有经验。
- 帮助参与者管理他们将参加的虚拟课程的环境。
- 尽一切力量让所有参与者在你的虚拟教室安心学习。

让环境变得可靠

设法与你的参与者建立信任，以区别参加培训和学习知识。

- 通过分组讨论克服初期分享观点时的不情愿或顾虑。
- 用肢体语言来鼓励参与：肯定地点头、微笑、眼神接触，所有这些都表示你对他人的想法感兴趣。
- 分享自己的观点，建立互信，分享想法。
- 创建参与者间的讨论。
- 证明你重视他们的意见和想法。
- 两人一组，让他们为彼此充当共鸣板。

如何让参与者做好准备

课前与参与者建立基本的联系更容易发展融洽的关系、建立信任、明确培训的目的并开始学习。除了向他们发放阅读材料，你还可以做什么？阅读材料的 1/3 将被跳过，1/3 会被忘记，余下的 1/3 他们可能会说没有收到。你要在主题方面让参与者做好准备，并帮助他们将你当成一个可靠的资源来源者。

- 用电子邮件告知他们课程目标。向参与者提供电话号码或电子邮件地址，并鼓励参与者如果有任何疑问可以联系你。更好的方式是，邮寄一封信或包含相同信息的欢迎卡给他们。
- 要求参与者完成一项任务：例如，采访一对领导夫妇，调研同事或请同事做反馈。对于培训培训师的会议，你可以提出三个问题，这些问题是参与者在其目前的工作中可能问的。或者，你可以让参与者带来他们目前正在完成的一个设计项目；可以发送一张“自我评估表”并要求他们在课前完成。
- 向参与者发送议程表并附加一个手写的便条，告诉参与者怎样与你联系。表明你欢迎他们可能询问的任何问题。

- 发送卡通画、拼图、脑筋急转弯或与课程有关的发人深省的问题，这些会激起他们的好奇心。
- 通过告知整个议程，满足他们的“安全需求”：现场位置、房间号、紧急电话、午餐计划、电子邮件访问地址、可用的停车场、便利的公交线路、其他参与者的名单以及其他相关材料，这将有助于他们感到舒服，并愿意参与和准备出席。
- 与参与者的经理/主管联系，以确定他们希望参与者回去后能够获得些什么。鼓励参与者在课程之前与他们的经理/主管进行交流，希望给经理/主管发送讨论笔记来回答参与者的问题。
- 邀请参与者向你发送任何相关问题或话题，特别是那些他们愿意在课程期间涉及的。
- 向参与者发送聚焦他们独特需求的问卷调查，让他们早早参与整个议程设置的调整。
- 在 SurveyMonkey.com 或 Zoomerang.com 开展迷你需求评估。在课程之前或在课程开始时与他们分享结果。
- 直呼参与者名字，介绍自己并告知他们本课程的目标/目的。询问他们是否有想在课程中涉及的特别内容。
- 考虑布置阅读任务，尽管通常结果是令人沮丧的。

如何让客户做好准备

也许你觉得让你的客户做好准备是不寻常的想法。目的是什么？记住你的“焦点”是参与者。如果你和参与者、客户之间保持清晰的沟通，那么你的参与者将受益最多（你的客户也将如此）。

- 敲定培训计划之前，与你的客户联系，询问客户希望在培训中解决的问题或担忧。你可以用这些想法进行个性化的培训或解决特殊问题。

- 与客户碰面，审查材料。有时候，参与者的老板可能不会认同一个全新的概念，或者可能不理解这个概念。培训前最好讨论这个问题。
- 与你的客户讨论他在支持和加强培训中扮演的角色。
- 培训完成后提供对客户的辅导。
- 在培训进行之前提供培训前的协议模板，在这上面客户和参与者可以写清楚参与者在课程期间想要学习的内容，以及回去后想要实施的举措。
- 邀请你的客户启动课程，从而让客户分享他们对于课程的想法或见解。

如何让自己做好准备

你准备得越充分，你的课程进展得就越顺利，也会遇到较少的问题。即使有些问题确实出现时，你的准备也将起作用，因为你已经做好了解决这一问题的准备。

中粮培训中心副总经理刘菲指出，中国培训师所需做的两件最重要的事情是“了解所有参与者的需求，了解对于中国市场什么是有用的”。从广义上讲，这解释了你的工作。你需要了解每个人的需求以及整个中国的需求。这是一项艰巨的任务。它需要你做好准备。

在我看来，中国的许多培训师喜欢讲授。对于参与者的学习，这是最无效的方式。讲授很容易。你仅仅需要阅读内容，记住它，然后将它告诉你的参与者。但是，“告诉”并不是培训，而引导参与者学习才是非常困难的，因为：

- 你需要了解更多。
- 你需要为任何情况做好准备。
- 你需要拥有更多的知识，因为你不知道你会被问到什么问题。
- 你需要灵活，因为你的参与者会引导他们自己学习，不是你。

这需要更多的准备时间。下面是我准备培训课程时遵循的普遍流程。

当我确定要讲授一门课程时，我当天就开始了准备。我会把它记录在我的日历上，打开一个文件夹，将材料放进去（如果我过去已经讲过类似的课程），或者如果是新的课程，我将开始寻找书籍和文章，作为我可能利用的资源。

如果内容是你以前讲过的，你应该把所有参与者的材料过一遍。这样做对你很重要，它帮助你确定：

- 这是你将要讲授的内容。
- 这是在讲课过程中必须依照的内容。

让授课内容在你的大脑中汩汩流动。然后休息一下。一周左右，再次浏览参与者讲义，并把它们与引导者手册放到一起，对比阅读。如果幻灯片是专业人士制作的，那么就不要随意改动。如果你同时也在学习新的内容，幻灯片对于学习详细内容不会太有价值；然而，它们会帮助你梳理现在的想法以及后期的演示文稿。

你一直都在处理细节。现在从一个更开阔的视角来看课程：如果你已经收到议程，那么查看一下，给自己打印一份并填写你的课程开始的实际时间。打印本次日程安排的最后副本，打印在颜色鲜艳的纸上（我喜欢明亮的黄色），这样你可以在培训桌上随时发现它。这个任务将使你更加清楚地了解你将完成的整个主题。

制作讲义副本。加入你的笔记并用幻灯片进行练习。如果你需要一些如何练习的建议，我在本章末尾提供了一份清单。

顺利授课的一般准备

下面是在每次课程之前需要准备做的事情的一个快速清单。

- 彻底检查培训课程并列出需要处理的所有流程细节。创建一个包含这些细节的清单，并且至少在课程开始的前一周处理每个细节。
- 同时，创建培训课程需要的所有东西的打包清单，如标记、索引卡、奖品、胶带等。
- 尽早完成所有的参与者材料和讲义，这样可以找出问题，你也可以进行更正。我建议你在所有材料上打三个孔，并把它们装订起来。你也需要打印评估结果和证书。你也可能需要寻找其他资源（文章或书籍）。
- 了解在课堂上谁会帮助你界定和规划培训的重点。你也许能够了解参与者的立场、他们对主题的理解、他们参加培训的原因、他们的意见、他们可能携带的任何行李，或者你可能会遇到的消极顾虑。
- 课程开始之前大约一个星期检查培训房间。如果你不给予足够的重视，房间就有可能被占用。
- 提供你要如何布置房间的详细图纸，但别假设房间的布置是正确的。很多时候我都会改变房间的布置。大多数时候，如果你想要一个 20 人的教室，因为人们总觉得有更多空间会更好，于是给你提供一个可容纳 25 人的教室。
- 至少课程开始前一周联系那些负责流程的人员，确认你的要求已被记录。培训前一天再与他们联系，提醒他们你打算在课程开始前两小时到场，或者在开课前一天晚上与他们进行沟通。提醒他们，你希望你的视听设备已经设置好，这样你可以进行尝试。获得房间负责人的姓名和电话号码，要求他们提早让你进去。
- 课程开始前一天（或晚上）布置好房间。我所做准备的一部分是布置房间。通常人们会提供帮助，但我喜欢自己做。这个过程可以让我感觉已经准备好。我知道每样东西都在哪里。我知道自己是否忘记了什么东西。这是一个让我感觉非常好的方式，让我与房间能亲密接触，掌握空间的“所有权”，并且为第二天迎接我的“客人”做好准备。

- 在课程开始前一到两小时到达，开始分发材料，完成最后一分钟的细节检查，整理房间，重新布置桌椅，调整和测试仪器。然后，你就可以迎接你的参与者的到来了。
- 由于最后一分钟危机出现的可能性或参与者提前到来，请确保你有充分的准备和排练时间，以及你的材料随时可以获取。

快速小贴士

不要布置多余的额外空间，尽管多数会展中心通常会这样。过多的空位会造成很多参与者没有到场的假象。

再多的准备也无法避免所有的问题，但你做的准备越充分，你就越能够更好地解决这些问题。英格索兰亚太地区学习和发展总监王媛认为，中国的培训师需要“知道他们自己是谁，让参与者参与整个过程。培训师是节目的导演，而不是演员”。作为一名导演，肯定需要承担一个更复杂的任务，需要比只提供内容付出两倍的努力。王媛说得对，培训师应该扮演一个更加有效的角色。

讲授、培训、引导的区别

引导师、培训师、讲师、老师及其他角色的区别是什么？如何区分学员、参与者、受训者和学生？培训、教育和教学之间的差异什么？你所做准备的一部分就是知道这些区别。

教与学的角色

你可能已经注意到，我在本书中同时使用了培训师和引导师两个称谓。尽管我们的行业对此已经争论好多年，但我们所做的应该比我们如何称呼自己要重要得多。本书的目的是挑选出最好的称谓，但要保证你尽力去帮助别人学习和发展。那么每个称谓中会包含什么？首先，考虑那些提供培训的人。

- **引导师（Facilitator）：**这是给那些保证参与者积极参与学习的经验丰富者的名称，有时会与培训师名称互相穿插使用，但更经常用于并非只是讲授或技能传授时。该术语通常用于形容进行团队建设和战略规划课程的个人。
- **培训师（Trainer）：**能够成为学习催化剂的成人的统称。其他成人可以跟着他们学习新的技能和知识。当然，也可与引导师互换。
- **演示者（Presenter）**：在会议上或向较大的群体发表演讲的成人，不太强调双向的沟通。
- **讲师/教练（Instructor）**：学术领域老师的称谓。也可以用于特定技能的教授者，如网球教练或飞行教练。
- **老师（Teacher）**：给孩子们讲授课程的人群的称谓。

那些接受培训的人呢？

- **学员（Learners）**：可用于获取信息的任何人，是一个中性词。
- **参与者（Participants）：**引导师和培训师用来形容课上的任何成人学员的总称。
- **受训者（Trainees）**：参与者的同义词，最近被已被“学员”或“参与者”取代。
- **学生（Students）**：用于指儿童或在学校环境里学习的人。

教与学的活动

出现在上述两者之间的活动如下。

- **引导（Facilitating）**：这个术语可以与术语“培训”互换。它通常涉及更弱的主导作用，代之以更多的促进作用。

- **培训（Training）：**成人学习新技能进行的活动。知识一般是随学随用。动手实践也包括在内。
- **教导（Instructing）**：该活动允许参与者在学习之外进行总结和概括。动手实践方面较少强调。该术语听起来就像学习学校课程。
- **教育（Educating）**：该术语指的是传授知识，一般在更广的范围内执行，动手实践比较少。

快速小贴士

为了尊重参与者，在和他们讨论时不要使用学生这个称谓。学生是教育用词。参与者或学员，能够最好地描述你正在培训的成人。我经常使用引导师、培训师、参与者或学员等这样的称谓。

刚刚讨论的活动的结果可被称为下面中的一个。

- **学习（Learning）**：获取知识和技能，做出改变。
- **知识（Knowledge）**：通过学习，获得的认知能力和信息。
- **技能发展（Skill Development）**：获得心理运动能力。
- **态度（Attitude）**：基于新知识做出改变的意愿。
- **绩效（Performance）**：对已获得知识和技能进行实践。

你可能会发现这些角色、活动和结果的其他标签或叫法，随着行业的发展和变化，可能会找到更多。与你所要完成的重要工作相比，你如何称呼自己并没有那么重要。你需要帮助成人学习，让他们能够改进绩效。

同样，成人为什么需要学习呢？因为每个人都希望或需要学习。我们每个人既是培训师，也是参与者。卡尔·罗杰斯（Carl Rogers）说："我如果能在某种程度上帮助他人成长，那么这本身也是一个衡量我是否实现了自我成长的一个标准。"

本章提示：练习讲课！练习、练习、再练习

我的祖母常说“熟能生巧”。作为一名培训师，你有许多事情需要练习，请从下面这些开始。

- 练习与同事创建活动或汇报。
- 设备操作练习，特别是当你需要同时采用两种以上的视听设备时。
- 练习舞台效果，向你的同事或你的亲人讲故事并期待得到反馈。
- 大声练习，以确保你没有吐字问题。
- 在培训的房间练习，这样你会感到舒服，让你感觉是在自己的房间。
- 预期参与者可能会问的问题以及你如何回答。
- 练习你会向参与者问的问题。
- 以几种不同的方式练习：
  - — 在镜子面前；
  - — 在你的同事面前；
  - — 在你的家人、朋友甚至你的狗（他们会和你有眼神交流）面前；
  - — 用智能手机录音；
  - — 在摄像机或智能手机前。

实践和准备工作可以让你的培训课程成为你希望的那样。这将有助于你专注于你的参与者并确保你表现出自己的专业能力。

本章奖励活动
小组回顾测试

概述

在培训结束时使用这个测试以检验学习效果。

参与者

8～40 名参与者，分成 3～6 组。

流程

1．在所有的内容讲述完毕后，把参与者分成尽可能多的小组，使小组的数量对全部参与者来说是合适的。

2．所有小组有 5～10 分钟回顾所有材料（开卷），包括记笔记，向其他小组提出有正确答案的 5～7 个题目。他们不会用到所有的问题，较多的题目数量是为了保证每个小组有足够的问题，尤其是当其他小组提出了同样的问题时。

3．让小组选出代表提问问题，并且回答其他小组的提问。

4．在活动期间，你可能要来回走动，以确保小组都从讲授内容中提问题（无恶作剧问题）。

5．一次一个小组，让每个小组向其他小组提一个问题，确认发言人是最早举手回答问题的人，被问小组有 5 秒时间回答这个问题。如果这个小组回答正确，他们将展示下一个问题。如果他们没有给出问题的正确答案，再询问其他小组。提问题的小组决定答案是否正确。你可能需要介入以便解决分歧。

6．继续进行流程，直到所有小组都有机会问一个问题。

7．给予正确答案的小组可能有小奖励，哪怕只是在活动挂图上进行标注。

汇报

- 我们已经讨论了很多信息，你记住的有多少？这次回顾告诉了你什么？

- 这方面的知识将给你的日常工作习惯带来怎样的改变？
- 哪些领域你还需要完善？对于实现这一目标你有什么想法？

变化

- 你可以把那些被遗漏或回答有困难的问题再过一遍。
- 如果小组人数较少，你可以持续 2～4 轮。
- “测试培训师”可以使用相同的方法，但在此种情况下，由小组向培训师问问题。参与者一般对这种方式抱有更大的热情。他们通常想要提出较深入的问题来难倒培训师。你可以故意漏掉答案的一部分，并要求参与者补充他们的答案。
- 与其等待课程结束，不如在处理完较难的内容后安排这个活动。

实例

热情的新员工在课堂上提问的例子：

- 你所学到的东西将如何帮助你鼓励我们的客户回访？
- 我们要超过××部门。你将如何向正在寻找×的客户推荐×？
- 我们公司的历史为什么会是我们客户的兴趣所在？

第 7 章

提供培训：在培训课堂上你需要知道的东西

当人们听到培训这个词时，“实施”是每个人都会想到的词（见图 7-1）。事实上，一些人认为，培训师做的事情就是站在一群人的前面引导一项学习活动。但是，你需要明白这是不正确的。

一个专业的培训师必须能够实施 ADDIE 模型中的每一步；必须了解组织的战略和目标，以及人才发展如何能够帮助组织实现这些目标；必须善于变革管理和知识管理；必须随时向别人提供建议：针对正式的、非正式的、在线的、工作场合的或培训与发展课堂上的任何问题。这就是我们的工作拥有这么多乐趣的原因。

在本章中，我将继续聚焦培训师的引导角色。你应该如何开始培训课程？什么是体验式活动？开展活动有什么重要意义？你应该如何处理问题？你应该怎样建立信誉？本章将回答这些问题，并且总结自始至终的关键点。

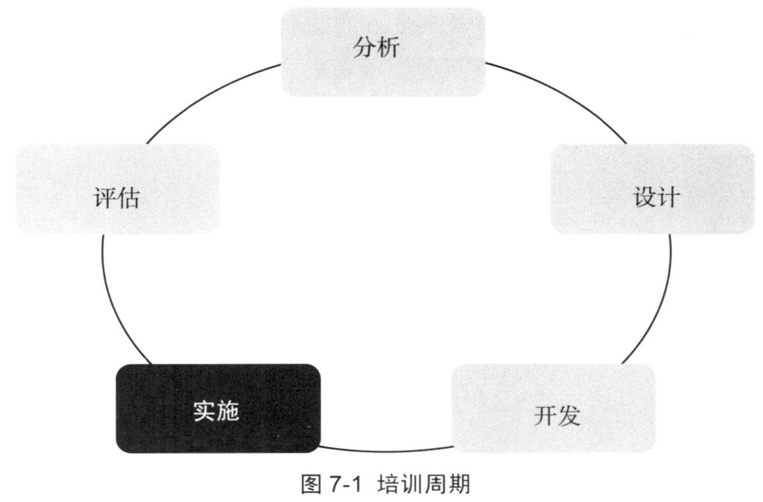

图 7-1　培训周期

如何开始培训课程是非常重要的，因此我们将首先解决这个问题。

始于兴奋

第一次接触会产生持久的印象。多数人已经发现，两个人初次会面的前 10 分钟将奠定接下来的所有假设和决定的基础。如果第一印象如此关键，那么一名培训师应该如何从一开始就吸引和维持参与者的注意力呢？首先，我们确定好的开始的五个特点。

- 激发参与者对培训课程内容的兴趣和热情。或许可以在开始阶段利用道具或引入创造性活动，在培训中加入惊喜元素。
- 通过了解有关参与者的经验和专业知识，澄清参与者的需求，包括内容和个性化需求。
- 确定基本规则和管理需求，制定确保培训课程顺利开展的指导方针，例如，在虚拟课堂教学中如何使用聊天功能，在传统课堂教学中何时休息以及洗手间在哪里。
- 通过介绍课程日程和目标，让参与者了解整个过程情况。开场还应

该确定不能解决的参与者其他方面的期望。

- 通过破冰活动、讨论或其他活动帮助大家彼此了解。参与者的早期参与可以为整个培训课程的完整参与打下基础。

你如何在较短时间内做到这些？下面是一些针对传统和虚拟课堂教学的建议。

营造有利于学习的氛围

建立关系并营造一种有利于学习的氛围是非常重要的。当你进行虚拟课堂教学时，这一点尤为重要。如果一开始就做好了，参与者将对接下来的学习活动充满热情。他们会知道应该期待什么。你一开始完成的工作将确定整个培训课程的基调。

开场应该说明在接下来的培训课堂上是否会让参与者站起来、走动或大部分时间坐着。开场也应该设定整个课程的进度和基调。快节奏？慢节奏？快乐？严肃？互动？被动？创意？理性？精彩？冷静？所有这些都描述了潜在的培训氛围。确定你的培训是怎样的，然后在开场时就开始营造这种氛围。尽管参与者在虚拟环境下不能看到你，但你在做开场介绍时也应该面带微笑。

如果你希望营造一种参与性的氛围，开场时应该让人们放松，也包括你在内。参与者可能不愿意参与，因为害羞，或者担心在同龄人或陌生人面前表现出脆弱的一面。

在传统课堂教学中，培训师会在人们到达时欢迎他们并和他们聊天。这也可以发生在虚拟课堂教学中。在虚拟课堂教学中，单独地迎接每一个人，询问他们："里恩，欢迎你，北京今天早晨有点冷，深圳的天气怎么样？"或者"早上好，程，你解决好计算机界面问题了吗？"不要耽误你的时间；准时开始课程。考虑最有利于学习的氛围，然后从课程的一开始就营造这种氛围。

明确参与者的期望

参与者希望你询问他们对于培训课程的期望。完成这项工作有多种方式。当然，最直接的方式是简单地问："你对本次培训课程的期望是什么？"把这些期望列在活动挂图上并张贴在墙上。在虚拟课堂教学中，让参与者在白板上写出期望。你也可以通过其他方式获得相同的信息。你可以变换一下问题，帮助参与者从不同的角度找到他们自己的问题或疑问。可以尝试下面这些方法：

- 询问希望和疑问。张贴在两张不同的活动挂图上。
- 询问梦想和愿望。
- 询问参与者为什么会来这里。
- 询问"今天你带来什么问题了"。
- 询问"如果培训对于你的时间投资是值得的，你希望今天会发生什么"。
- 询问"你的需求和学习目标的契合度如何""你还有哪些需求"。

如果参与者的期望超越了培训的范围设计了呢？最好让他们现在就知道你打算如何处理。你可以有三种回复方式：

- 第一，你可以在日程中增加时间以解决更多的期望。这通常意味着去掉或减少某些内容。
- 第二，如果另外的期望仅仅涉及一两个人，你可以选择在课程结束后与他们见面，或者在休息期间与其讨论他们的需求。
- 第三，你可能需要告诉他们，你还没有准备好或时间不允许添加内容，等等，但你会在随后的课程中跟进。这可能意味着，你需要通过电子邮件向他们发送额外的资源，让他们与拥有专业知识的人取得联系，或者做其他能够解决他们问题的事情。在系列虚拟课程中，你也可以将部分期望加入随后的课程中。

不管你的培训模式是什么，你能为参与者做的最重要的事情是，帮助

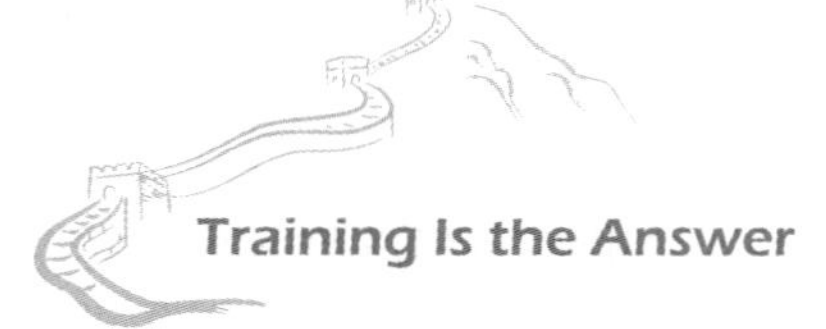

他们了解培训如何与他们相关。如果参与者能够理解他们为什么要参加培训课程，培训课程将如何帮助他们更好、更快地完成工作，以及课程内容如何与他们相关，他们就能够从培训课堂上学到更多。

介绍内容

与澄清参与者期望相关的是介绍内容。通过介绍培训课程的日程和目标，你可以为参与者提供一个概览。告诉他们接下来会发生什么，这样就提供了内容的基础，并为房间中的每个人建立了一个共同的出发点。

确保参与者也知道内容的其他方面。他们可能希望知道自己是否会被要求参加测试，他们是否会获得该课程的分数，课程分数是否会对他们的工作造成影响，课程期待哪种性质的参与，以及他们是否会有作业。当你向参与者介绍日程时，进行示范并解释。例如，在虚拟课堂教学中，你可以告诉他们，你将随机叫他们的名字，但在介绍日程时叫他们的名字会更好："皮埃尔，这就是你在日程上所期望看到的吗？"有些参与者可能是第一次参加虚拟课程培训，没有意识到你也希望他们积极参与。

我一般讨论设计好的内容，然后询问参与者他们是否期待不同或额外的内容。你可以先讨论内容，然后询问，也可以反过来进行。我的流程通常会节省时间，因为介绍日程安排时我不需要再次重复内容。然而，有时对参与者而言，建立自己的日程安排是更为重要的，而不是节省时间。在某些情况下，如团队建设工作，我会首先促成对于他们的期望和需求的讨论。这需要多一点的时间，但认同作用更大，也会带来更好的结果。记住，你的破冰游戏应该与内容相关。

为你的参与者带来惊喜

从一开始就加入惊喜元素。添加一些标新立异的东西，向参与者发出信号：这次的课程可能与他们过去经历的有所不同。你可以在开场时引入道具，或介绍一些不寻常的东西，或令人震惊的话题。你也可以通过一个活动开始课程，而不是解决课程的流程问题。

在介绍过程中，大多数培训师开始会站在前面，然后顺时针在房间里走动。计划从某个地方开始，如房间中后部，然后逆时针方向走动。更好的方法是，寻找一个志愿者开始介绍，然后是另一个志愿者，选择某个志愿者或叫到所有的参与者。对于这点，你自己需要进行一些练习，记住哪些人已经做完了介绍。当所有人都做完介绍后，你可以用“谁尚未做介绍”来结尾，找到错过的参与者。

- 由于大多数培训课程都从午餐、停车场、考勤表的讨论开始，当你不以同样的方式开始时，你的参与者会感动惊讶。
- 让参与者使用蜡笔代替钢笔或铅笔制作列表、画图画、在表格上填写自己的名字，等等。

做一些只是有一点不同的事情，或者以不同的顺序介绍让参与者感到惊讶的东西，增加培训课程的吸引力和兴奋点，并且表明本次培训不会很无聊。

介绍参与者

直到参与者知道还有谁参加了培训，培训课程的开场才算完整。是使用破冰游戏，还是快速轮流介绍，取决于你拥有的时间以及在剩下的培训中参与者需要如何进行互动。

让参与者熟悉彼此。构建一种方法，这样他们可以了解还有谁参加培训，以及他们的态度、价值观、经验和关切可能是什么。

明智地利用这段时间。在选择参与者如何彼此认识之前，确定你希望参与者之后可以做的事情。你可能只是希望他们能够将名字和面孔匹配，但你也可能会考虑有助于培训更进一步的其他想法。你还希望参与者了解对方什么？列一个你想要完成的任务的清单。下面这些想法可以帮助你开始：

- 持续介绍其他内容。
- 练习解决问题。
- 了解态度、信仰和偏好。
- 实践创造性体验。
- 开始建立一个学习型团队。

对于你希望参与者了解彼此什么，以及基于这种介绍性体验他们随后将如何互动，有很多合理的建议。如果你正在寻找一个破冰游戏，可以从本书结尾“阅读和资源”列出的书中找到一些活动。我建议你至少做两件事：

- 所有参与者都听到了所有其他参与者的名字。
- 所有参与者至少站起来发言一次。

在虚拟课堂上，使用名单叫参与者的名字。在传统课堂上，我强烈建议使用桌签/桌牌，这种卡片折叠起来像帐篷，上面写着参与者的名字。他们会帮助你记住参与者的名字，帮助参与者记住并使用对方的名字。在做自我介绍时，让参与者在卡片两面都写上自己的名字。这样你和别的参与者从任何角度都能看到他们的名字。

了解整个团体

在开场部分留出时间，这样你就可以观察整体，以及了解整体的动态和参与者个人的性格。开展破冰游戏为你提供了这样的机会。

在破冰过程中，聚焦你的笔记并为下一节做准备。但是，如果你这样做，也许你会给参与者和你自己帮倒忙。在参与者中走动，观察他们是如何一起工作的。倾听对话。谁是带头人？谁仍旧不愿加入进来？参与者中存在的强大个性是什么？谁似乎在控制讨论？

这段时间会为你提供一个机会，提前思考并且意识到可能会改变整个过程的潜在困难。例如，如果你计划了一项有风险的活动，参与者似乎倾向于规避风险，你就应该在心中记下这点。当然，现在做出改变还为时尚早，但你可以给自己一个提醒，后期可能需要做出一些改变。

显然，在虚拟环境中，你不能“看到”你的参与者，但你可以看到他们在做什么。例如，如果你要求他们在白板上写字或从事任何活动，你可以看到谁参与了，谁没有。练习利用这段时间来尽可能发现整体和个人更多的信息。

制定基本规则

制定基本规则，并将其作为开场的一部分。我一般在课堂开始或结束时将参与者划分为几个小组，或者预先设定小组。我有时会做出承诺，如“如果我们每天按时开始（或每次休息之后），我保证我们会准时结束”。

注意参与者使用的语言。你需要每个参与者都认可基本规则，因此你可能需要修改列表以获得同意。当制定基本规则时，你一定要考虑他们的责任。例如，在制定基本规则时，我可能会指出参与者必须分享学习的责任，强调我的作用是引导他们的学习，他们的责任是在我没有明确或者没有提供足够信息的情况下询问问题。在虚拟环境中也有基本规则，但是因为你的课程可能持续时间不超过 90 分钟，分配给他们的讨论时间也应该相应缩短。

在真实课堂上，将基本规则贴在一个大家都能看到的位置上，通常是培训教室的前面。如果你需要利用它们来管理会场，或者将其作为引导整体动态的参照点，这个位置有利于你进行参考。在虚拟课堂之前，你可以通过电子邮件将基本规则发送给他们，并且附带其他信息，我喜欢称之为

“你期待的东西”。你也可以在课程开始之前将其放在屏幕上。

面对任何问题

如果你知道培训中存在问题，那么在开场时面对它们，并且计划时间解决它们。实际上，你的破冰活动可能包含这些问题。如果培训课程的过程出现问题，那么就进行讨论。如果参与者发现这个问题非常麻烦，给他们足够的时间来讨论。你会发现，如果你不马上解决这个问题，参与者将无法专注于你将要呈现的内容。此外，不论怎样，你最后都得解决这个问题。

休息一下

是的，休息一下。如果开场时间持续一小时，那么就要休息一下。休息可以在你开始讲授内容之前维持参与者的能量水平，使参与者有机会跟进其他参与者，并给人们处理私人事务的时间。记住，你的开场是培训中最重要的部分之一。请确保开场能够使参与者能量满满地参与进来。

动态交付

在主动出击和被动回应、灵活和固定安排日程、呈现内容和促进讨论之间，培训师需要小心行事。这些必须适应教室内的多种学习风格，并支持所有参与者的各种要求。如何做才能确保参与者掌握了他们需要学习的东西？

在本书中，我试图强调培训是真正面对参与者的。你必须提供机会，吸引参与者参与学习。当然目标不仅仅是活动和参与，目标是确保参与者获得能够有效提高绩效的知识或技能。主动学习可以被融入多种学习方法中（有些可以在设计章节中找到），如角色扮演、模拟、游戏等。当培训经理支持员工时，当你创建同伴辅导小组时，或者当你跟进某个虚拟参与者并为其提供额外的资源时，参与者也需要主动学习。

然而，覆盖所有的内容以及涉及所有的参与者是不够的。培训师必须确保参与者练习技能，以便返回工作岗位时应用所学技能或所学知识。参与者必须有能力把学习迁移到工作场所中。

快速小贴士

麦克风似乎被过度使用。中国的客户希望我使用麦克风。如果你的小组成员小于 30 人，你就不需要使用麦克风。你应该提高你的音量，足以让所有人听到。

引导者须经常让参与者体验学习过程，以确保学习真正发生，并且让参与者准备好在工作中实践。参与者也须总结归纳学习内容，即通过体验活动自己进行发现。你可能会听到的其他名称包括互动学习、体验式学习、行动学习和发现学习。

参与者会听到和看到什么

培训师在进行培训时需要掌握两项关键技能。首先，他们引导小组活动、大组讨论和一般学习。其次，他们呈现新信息、数据和知识。这两项关键技能是这项工作的要求。

当你进行演示时，无论是做一个报告，还是讨论一个简单的概念，或者进行一个问题的回答，参与者不仅会听到内容，还会“听”和“看”到你的演讲风格。当你的演讲很有趣，或者令人兴奋时，参与者学习起来就会更加容易。无论是虚拟课堂还是真实课堂，这一点都适用。基于你的演讲技巧和风格，参与者会推断出什么？

参与者会听到什么？声音表达能为你的想法增添活力和能量。声音的几个特性可以弥补你的演示文稿的音频部分。

- **音量**是指声音的响度。你发出的音量够大吗？当空气以极大的力度和强度被排出肺部时，响度就会出现。响亮的或柔和的声音是否合适取决于房间大小或因特网连接情况，以及发声器械的种类。音量的变化可被用于表示紧急、恼怒及重要性。
- **音高**在对话中会自然升高或降低。但当一些培训师站在众人面前时，他们的声音会变得沉闷和平淡。音高变化会激发参与者的兴趣，也可以帮助你强调重要想法或进行信号转换。这两者对于吸引参与者关注你的授课内容非常重要。
- **节奏**是交付的速率，由声音的持续时间和声音停顿的频率决定。你可以说话很快，也可以慢慢说出来。与音量和音高一样，节奏也可以标示重要性。尝试快速说“5 万元”，仿佛它只是一笔小数额。现在，再说一遍，放慢你的节奏，在两个音节之间添加强调。这样确实会产生不同的效果。选择一个对你来说舒适的速度。不要试图加快或放慢。你的大脑习惯于在一定的节奏上和你的嘴巴同步工作。不过，如果你被告知说话太快，尽量用更多的停顿来减慢你的说话速度，只需让你的下巴保持休息。然而，如果有人告诉你，你说话太慢，那么避免使用填充词，保证不重复相同的信息并充分掌握材料。
- **暂停**相比以上提到的特性实际上增加了更多的强调。某个观点前后一个明智的暂停，可以将参与者的注意力集中到你希望的地方。暂停让你有时间进行思考。暂停也可以让你观察参与者并给予他们反馈。暂停是经验丰富的演示者的标志，因为最没有经验的演示者会对沉默感到不舒服，所以要练习暂停。
- **发音**也是至关重要的，这样你的参与者就可以轻松地理解和学习。发音准确、表达清楚和明白是一名专业人员的标志。学习清楚地阐述观点。注意避免连读或句子之间没有停顿，因为这样会让参与者听起来理解有困难。
- **填充词（口头禅）**是当你说话时那些潜入的、讨厌的、微小的非必要的词：嗯、啊、一个、你知道……填充词可能会催眠你的参与者，让他们昏昏欲睡，也可能会刺激他们的神经。无论哪种情况发生，他们都不会倾听你的内容，相反会数你的填充词。很多人听不到自己的填充词。请别人听一下你的报告，让他们数一下你使用了多少个填充词以及都是哪些填充词。你可能对你所说填充词的数量感到惊讶，这可能会使你更容易听到你的填充词。

参与者会看到什么？演示文稿的另一方面是参与者会看到的东西。他们所看到的应该传达同样有趣、有力和令人振奋的信息。

- **身体姿势**是参与者会注意到的第一件事情。良好的姿势和风度会从你的信息中传递出自信，促使参与者想要知道内容。当站在房间前面时，放平你的双脚并避免转移重心。四处走动，以及在参与者中间走动是好的做法。这会消除某些紧张情绪，并且有助于创造一种自然、舒适的环境。然而，重复动作，比如在同一个地方来回踱步，会让参与者分心。永远不要让你的背部朝着参与者。学会对话和向后走动。如何坐？坐下肯定会改变基调。这非常少见，但你可以坐下，甚至可以倚着桌子。你的姿势会向参与者传递培训是“非正式”的信息。
- **手势**会帮助你传达热情，并且帮助参与者跟上你的演示文稿速度。保持手势自然。如果开始你的双手放在身体两侧，那么自然地举起来。试着与那些坐的离你最远的参与者说话并和他们做手势。这样会增强你的手势和声音。避免交叉双臂、拿着马克笔玩或触摸头部。把双手放在口袋里会怎么样呢？这需要看情况。你是因为紧张或双手觉得别扭而又不知道应该怎么做，才把双手放在口袋里的吗？或者，你把双手放在口袋里，因为你非常放松，或者想要向参与者传递放松的信息？如果你把双手放在口袋里是因为第一个原因，那么答案就是否定的，不要这样做。你的双手只会惹来麻烦。
- **面部表情**应该与你所说的话保持一致。事实上，你的脸可以表达比你说的话更多的内容。面部表情可传达出相关信息。你可以用它来增加对信息的强调并显示你的能量。意识到自己的表情并明白其可能传达的信息。在我的职业生涯早期，当一名参与者对我说“你不希望我们问问题”时，我感到非常惊讶。这当然与我想的恰恰相反。我确实希望他们询问所有必要的问题，以便了解他们正在学习的技能。当我问到她为什么会有这种看法时，她说：“每当我们问问题时，你就会皱眉头。”哇！我不知道自己会皱眉头。我意识到，我当时正专注于他们的问题，而当我集中注意力时，我就会皱眉头。这是一个很大的教训。你的面部表情会传达关于你的什么信息呢？

- **眼神交流**在所有的对话中都非常重要。在美国，它代表着关心、理解和信任。如果使用得当，眼神交流可以帮助你与参与者建立关系。你也应该能够“读取”你的参与者，知道他们是否理解内容。避免看天花板。然而，眼神交流是一种文化偏好。如果你在中国正在培训其他文化，如在跨国公司内部，那么做出相应调整。
- **紧张情绪**会通过很多方式展示出来：来回走动或晃动身体、拿着笔玩、口袋里的零钱叮当作响、出汗、颤抖、清喉咙、表情痛苦，以及许多其他方面。即使你的内容很有趣，参与者也根本不会注意到。对于紧张的首要原则是“不能说你很紧张”。

快速小贴士

当你进行虚拟培训时，在你的计算机屏幕前挂一面镜子。镜子会提醒你微笑。人们可以“听到”你声音中的笑容。

在线虚拟培训应该怎么办？当然，他们不能在物理意义上看到你，但如果你的声音没有吸引力，他们会“看到”你缺乏关怀或缺乏热情；如果你实施多任务处理，他们会“看到”混乱；如果你还没有充分掌握内容，他们会“看到”犹豫和紧张。

如何提出和回答问题

提出问题并且鼓励参与者问问题是一种艺术形式。问问题会发现小组中其他人不知道的东西。鼓励参与者提问，以保证学习、激发兴趣并创建互动。

鼓励参与者提问。使用下面一些建议，来鼓励你的参与者提问。

- 告诉参与者你鼓励他们提出问题。
- 演示过程中在合适的时候停顿并提出问题。
- 暂停足够长的时间，让参与者提出问题。
- 给出信号，如“我们在这里暂停一下，你们可以提问”，然后等待提问。
- 观察面部表情。如果参与者看起来很困惑，停下来并询问他们是否有疑问。
- 如果有两个或多个参与者在交谈，询问他们是否想要澄清某些内容。
- 留出时间，让参与者私下里问问题。他们可能太害羞，不愿意在小组面前提问。

为提高参与度提出问题。使用下面一些建议。

- 提前计划一些问题。
- 在课程早期问问题，提高参与度。
- 知道为什么要包括问题在内：创建讨论、介绍争议、更正回答、复习资料或进行假设。
- 问题要简短。
- 知道你想要意见还是信息。
- 考虑问题答案应该灵活还是固定。
- 如果问一个直接的问题，首先称呼参与者的姓名，然后再问问题。
- 暂停并等待答案；不要一遍遍重复问题；最重要的是不要回答自己问的问题。

- 使用后续问题，进行进一步明确或扩大初步反馈。
- 解释答案，特别是当答案未能聚焦时。
- 如果你想要听到每个人的意见，轮流问问题。

回答问题。使用下面一些建议。

- 预估参与者的提问。
- 在课堂早期告知参与者你的期待。
- 解释问题，确保每个人都能听到并理解问题。
- 如果有必要，进行澄清。
- 回答简短。
- 当你确实不知道答案时，可以说“我不知道，但我会找到”。
- 重新定义问题，鼓励整个小组参与。
- 如果问题不相关，请参与者在休息时进行讨论。
- 利用身体姿势和眼神交流，在你的回应中将全部参与者包括在内。

创建提出和回答问题的期待来鼓励学习。

体验：最好的老师

当参与者参加某项活动、回顾某项活动、识别习得的有用知识或技能、将学习结果迁移到工作场所中时，体验式学习就会发生。这是我们在每天的日常生活中经历的自然的学习过程，即生活体验。中国石化胜利培训学院院长张玉珍说：“最成功的培训是基于体验学习的。”我完全同意这点。

体验式学习试图重现生活体验。参与者在讨论之前，首先“体验”他们将来要学习的东西。理想情况下，参与者会体验工作中的真实情况。当真实体验工作不可能时，或者当参与者需要在真实情况发生前得到一些指导时，培训师可以在传统的或虚拟的学习环境中创建体验式学习活动（Experiential Learning Activities，ELAs）。

ELAs 基于以下几个特点。

- 它们都指向一个特定的学习目标。
- 它们是结构化的，即它们具有保证效果必须遵循的具体步骤和过程。
- 它们需要参与者的高度参与。
- 它们为参与者分析产出数据和信息。
- 为促进最大化学习它们需要处理或汇报。

菲佛（Pfeiffer）和琼斯（Jones）的体验式学习周期的五个步骤说明了在活动期间哪些必须发生才能确保最大化的学习（1988）。这五个步骤是体验、发布、加工、泛化和应用。

体验：做事情

这一步与“游戏”或体验的乐趣有关。参与者参与并完成确定的任务。如果这个过程在这里结束，所有的学习就会变成偶然，培训师也没有完成任务。

发布：分享意见

周期的第二个步骤使参与者有机会分享他们看到、感受到和经历的东西。培训师可以通过多种方法引导这个步骤：在小组中记录数据，让参与者在小组中分享或访谈，或者组织各种循环赛。引导者通常开始会关注较宽泛的问题，然后专注于更具体的问题。引导者可以探索影响结果的转折点或决定。这个步骤很重要，因为它允许参与者发泄或表达强烈的情感，并且允许引导者收集数据。

工具栏：ELAs 每个步骤中你可以计划的问题

ELAs 每个步骤都有特定的目的。引导者可以使用下列问题来达到目的。

1. 体验：做事情。

- 你明白这项活动吗？
- 在开始之前，你有什么问题吗？

2. 发布：分享意见。

- 发生了什么？你观察到什么？
- 活动期间发生了什么？
- 你认为这点怎么样？

3. 加工：解释动态或概念。

- 为什么你认为那可能发生？
- 你了解到关于自己的什么？
- 你学到了什么？
- 基于你的经验什么理论或原理可能会是真的？

4. 泛化：连接到现实生活。

- 这如何涉及……
- 你了解到关于自己的什么？
- 关于……它建议你什么？
- 这次体验如何帮助你理解……
- 如果……

5. 应用：计划有效的改变。

- 因为这次体验，你的行为会有什么改变？
- 你如何将本次学习迁移到工作场所中？
- 你如何以及何时应用你的学习？
- 这如何在未来帮助你？
- 下一步是什么？

加工：解释动态或概念

这个步骤为参与者提供了讨论他们在活动中观察到的格局和动态的机会。观察员常常讨论这一步。引导者将再次从宽泛的问题开始，然后回到更具体的问题。这个步骤允许参与者测试各种假设，为以后的学以致用做准备。这个步骤为引导者提供了一种方法，观察有多少参与者从这次体验中学到了东西。

泛化：连接到现实生活

这个步骤的关键问题是“那又怎么样”。参与者被引导聚焦他们曾经历的情形相似的环境。这个步骤使得活动具有可操作性，并确保参与者掌握课程所学。这个“如果”问题就变成了连接最后一步的桥梁。

应用：计划有效的改变

最后一个步骤呈现了实施活动的原因。引导者帮助参与者将普遍情况应用到他们参与的实际情形中。小组可以设定目标、改变合同、做出承诺、确定工作场所的某些变化，或者任何来自体验的其他行为。参与者通常在行动计划中按照此步骤，或者至少花一些时间来确定他们的想法，因为体验式学习，他们的工作可能与原来有哪些不同。

体验式学习是引导者的有力工具。这种学习非常耗时，因此需要谨慎使用。如果你决定推动体验式学习，不采取任何捷径，它的价值将真正体现在过程中。

你的信誉

让参与者了解你的一些事情，创造一种支持性学习环境。我喜欢在整个开场的不同部分构建自己的信誉，并将其与讨论或内容联系起来。我不会说“我已经出版了 60 多本书”，但我会说“在我的上一本书中，我采访了 45 名培训经理，他们说……”你不需要非常委婉。你希望构建自己的信誉。

如何构建个人信誉？对于你想要他们在多大程度上参与你的个人方面

内容，这完全取决于你。我喜欢结识参与者，所以休息时间我都尽可能与他们一起度过。我会找到我们相似的地方，然后利用这些信息来继续我们的讨论。有时，作为一个能量激发者，我会询问参与者他们想要了解对方什么，他们也可以询问与我有关的问题。

如果参与者以前没有见过你，他们可能会想要了解一下你。在开场时做一下自我介绍。如果你想让参与者在破冰期间透露一些关于自己的信息，你也应该透露同样的信息。如果你让他们画一幅能够描绘他们自己的图片，你也应该画一幅图片。这可以确保你分享和他们相同的信息。这也会让你与参与者处于平等的位置上。让人们知道你关心他们的成功，并且你在那里引导他们。如果你非常真诚，你会成为一个更成功的培训师。

你的风格将在开场时呈现，不论你希望与否。参与者会观察你如何对待开场活动，并做出有关你风格的假设。你花时间倾听参与者并澄清他们的意思了吗？你看手表了吗？

有些培训师会使用生活体验草图或让别人介绍自己，以便构建自己的信誉。信誉是你知道的东西（你的专业知识）、你做了什么（你的经验），以及如何表现自己。那些能够最好地展示自己的人会给人留下谦虚、自信的印象。我会尽量避免让别人介绍我自己。如果这种情况不能避免，我会确保介绍非常简短并适当涉及我即将开始的培训。我喜欢添加一些个人因素或与参与者有关的轻松语句。例如，我可能会说："我已经开展培训好多年了，比我愿意承认的年数还多。"为了树立威信，我会提到我的经验和专业知识，作为故事的引子。例如，我可能会说："过去 20 年我在制造业领域学会的其中之一是……"这句话与从简历中读到它具有同样的效果，但它的作用更微妙，并且对于参与者更具有意义。

你想建立专业信誉。你也想让他们知道作为一个人你是什么样的。不要让自己处于阻止与参与者建立关系的位置上。

麻烦的参与者

有时候，某些麻烦的参与者可能使培训变得难以进行。他们做事可能像控制者、喜剧演员、攻击者、逃兵……首先要做的是忽略他们的行为。如果这些行为对别人造成干扰，立刻让他们停止，但是要保持冷静，不要以太个人化的方式进行处理。

就如何处理麻烦的参与者，我们可以写一整本书，但是我们不会这么做。工具栏中介绍的策略将帮助你处理好这一情况。

中国石油天然气集团公司的陆洋为我们提供了积极的视角，特别是当某些参与者在课堂上说话太多时："你有没有听过一句老话，'当人们对某个东西不感兴趣时，他们就不会讲话'？"所以，培训师如果可以创建大量的讨论，这是令人钦佩的。我同意这点。要寻找参与者的积极方面。

工具栏：处理麻烦参与者的策略

下面是处理麻烦参与者的一些策略：

- 在干扰行为停止前不说话。
- 使用非语言暗示，如举手示意。
- 参阅基本规则。
- 直接要求停止或改变干扰行为。
- 休息。
- 休息时与个人讨论其行为。
- 尊重个人，考虑到他们可能没有意识到自己的行为对别人造成了干扰。
- 尽量使其融入集体，因为你不想让他脱离集体。
- 保证剩余人员的积极参与。

所有你需要做的事情的总结

在本书中，我已经讲过，你需要把重点放在参与者身上。作为培训师，你的工作是充分利用你所拥有的资源建立信任、尊重、安全、可靠和成功的学习环境。在你从头到尾提供培训时，下面这些清单是对你能够做的事情的一个善意提醒。

为学习创建一个安全的避风港

有些参与者可能非常兴奋地来到培训课堂。其他到来的参与者可能认为培训是种惩罚。还有一些参与者可能本身感觉有负担。要为所有人创造一个安全的避风港。

- 提早准备在门口迎接参与者，欢迎他们，了解他们的名字并让他们有时间告诉你有关自己的事情。
- 提早分享培训目标，如果有可能，在培训开始之前。
- 让参与者知道他们将如何从信息中受益。
- 向每个人展示你的尊重。
- 添加奇思妙想，激发参与者的好奇心，鼓励微笑。
- 通过使用参与者的名字和表达真诚建立并巩固关系。

创造一种舒适的环境

提早到达培训教室，让教室成为你自己的房间，将参与者作为嘉宾来欢迎。创造一种舒适的环境。

- 保持灯光明亮。走进一个灯光灰暗的房间会让人感到沉闷。
- 知道如何将温度调节到最舒适的水平。
- 确保房间整洁有序，去除干扰因素。一个布置有序的房间说明你为他们去除了准备的麻烦。

- 确保你和你的视觉效果可以被所有的参与者看到和听到。试试看。
- 在早上准备咖啡、茶和饮用水，预留充足的休息时间。
- 将参与者分成小组。

鼓励参与

对于提高学习效果，促进主动参与和充分参与是你可以做的最重要的事情。下面是可以帮助你开始的一系列做法。

- 使用小分组讨论克服最初的对分享观点的不情愿或顾虑。
- 使用肢体语言来鼓励参与；积极的点头、微笑和眼神接触都会显示出你对参与者感兴趣。
- 分享一些你自己的事情，启动可信赖的思想交流。
- 让培训有乐趣。
- 计划庆祝活动：发放证书、给予团队掌声。

相比你的展示引导更多

我们很少直接交付培训，引导有利于促进每个人学习。美国迪尔公司（中国）区域领导力发展经理帕梅拉・吴认为，包括练习在内，允许体验和自我意识是非常重要的。请使用下面这些引导技巧。

- 创建讨论。不只是在你和参与者之间，也包括所有参与者之间。
- 在你传递信息前，在开场部分获取意见和想法。你可能会对参与者能够为你做的“培训”感到惊讶。
- 提供机会让参与者评估自己在整个培训期间的学习。创建体验式学习活动，让参与者寻找自己的发现。
- 在项目中创建个人检查点。
- 创建学习审核小组。

带着兴奋的心情结束

与开场一样，精心设计你的结尾。你希望撰写正式的参与者欢送词。你怀着兴奋的心情开始培训，也要号角齐鸣地结束它，请使用如下技巧。

- 帮助参与者记住体验。
- 在接下来的步骤中鼓励他们。
- 用一些可在培训结束后启发参与者思考的东西来欢送他们，如呼吁采取行动、一首诗、引言、一个故事的道德启示、一个视觉效果、一个反问句、一个示范、一个挑战、一个魔术或能够实现目标的其他形式。
- 确保他们拥有能够在工作中执行的能力、信心和承诺。
- 评估培训。

最后，站在门外，与参与者握手，祝他们好运并说再见。

本章提示：在演示过程中提高参与度

提高参与度，甚至在你进行演示的过程中，当然我们知道这种情况很少会发生。尝试一些建议来鼓励参与，甚至在当你必须提供信息时。

- 在演示文稿中间设计流行测验。
- 询问有关预测或回忆信息的问题。
- 创建培训师和参与者之间的对话。
- 穿插表演。
- 以问题或填空的形式编写一个指导笔记页。
- 开发演示文稿的关键词大纲，为增加更多想法留出空间。
- 在所有演示中加入视觉效果；参与者可以在视觉上跟上你的讲解。

- 计划中间的停顿点，询问每个人是否都能跟上你的讲解。
- 在开始设计故事的一部分，在结尾完成故事。
- 想办法插入幽默，如创建一个与内容匹配的卡通形象。

很少情况下，你确实需要提供信息，例如，当一个程序有关键步骤，为安全起见或者需要遵守法律时。确保这些交付信息简短。

本章奖励活动
交流方面的挑战

概述

这项活动帮助参与者理解双向对话和真正对话的力量。

参与者

任何数量的参与者，任何人都可以进行这项活动。

流程

1. 让参与者配对，他们之间最好彼此不熟悉，背靠背坐下。当出现奇数的情况下，让其中一个小组有三人，两人画画，一人给出指示。

2. 给小组内要做指示的参与者一个简单的家居物品的打印照片，如锤子、微波炉、椅子、风扇、搅拌机、天平等。注意使用简单的线条画或照片。这些在网上都很容易找到。

3. 做指示的人只允许使用物品的形状、符号和尺寸来描述该物品。他们不可以说出该物品的用途或名称，只能询问画画的人问题，而画画的人不能询问做指示的人问题。在整个过程中，做指示的人不能看图画纸。

4. 当画画的人相信他们知道照片是什么的时候，他或她才可以问“它是一个……吗”。

汇报

利用下面的问题作为起始的想法提问并引导讨论：

- 作为做指示的人，只使用物品的形状、符号和尺寸来描述有多困难？
- 作为画画的人，不能问问题有多困难？
- 随着活动进行你感觉怎么样？（双方）
- 这项活动如何与交流相关？
- 对于更好的沟通你有什么建议？

变化

- 使用与特定主题相关的照片（如公司的产品、某项运动或某个工具）。
- 切换角色，这样双方都能体验到同样的活动。

实例

从我们出生起，我们就一直在进行交流。经过这么多练习，我们应该交流得不错。对吗？事实上，我们都可以提高我们的沟通技巧。沟通是成功的关键，无论员工之间、客户和供应商之间、父母和孩子之间，还是其他各种关系之间。通过改善沟通，每个个人和组织都可以变得更加成功。

我在团队建设、沟通交流、客户服务、领导力、管理等多种培训课堂上开展过这项活动。

第 8 章

评估和培训迁移

培训周期中的最后一个步骤是评估（见图 8-1）。我们很多人都忽视了这一步骤。这点在整个世界范围内都如此，不只是中国。

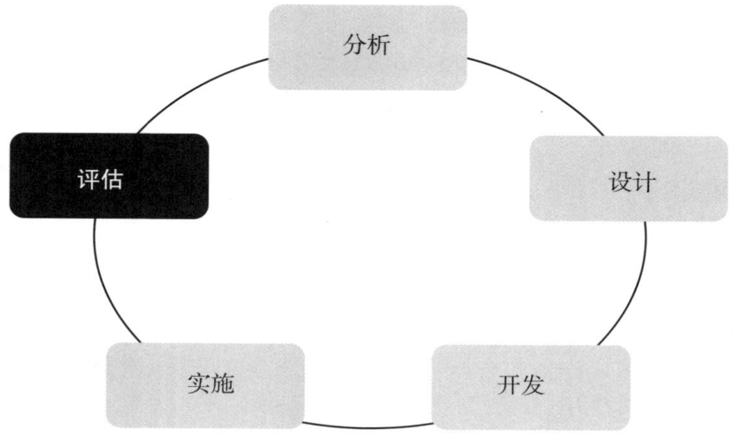

图 8-1　培训周期

这当然不是因为缺乏信息或模型。相关主题的书籍也已经出版了很多，杰克·菲利普斯（Jack Phillips）每年都会出版一两本专著。国际会议会涉及评估主题，相关小型会议也在各地不断涌现。我们已经发表了大量的相关文章（我们假定也读过），并进行了相关课程培训。那么，问题是什么？评估还没有成为很多组织的日常工作，然而它却是培训周期中不可或缺的一部分。无论你的组织站在评估辩论的哪一方，作为一名培训师或引导者，你可以把你自己的那部分做好，将“评估是多么重要”的信息传播出去。

虽然评估被描绘为最后的步骤，但在实际过程中，它在设计和实施的过程中就已经启动，因为它会为培训项目提供不断完善的数据。通过评估可以了解培训对参与者造成了什么样的影响，它能够为培训师提供必要的数据，以便了解培训的哪些方面发挥了作用，哪些方面没有，以及为了使培训更加有效需要做出哪些必要改变。本章将向你介绍：

- 评估和需要考虑的问题。
- 绩效和学习向工作场所迁移。

甚至在你第一次设计培训项目时，评估在设计阶段就已经开始了。目标会导致期望的结果——这就是被评估的东西。

培训评估的初期

1959 年 11 月，唐纳德·柯克帕特里克（Donald Kirkpatrick）完成了他的博士论文，并在 ATD《培训与发展》杂志上发表了有关评估的文章。他用四个词语描述了评估，如今被称为柯氏四级评估模型：反应、学习、行为和结果。他强调，所有的四个层级都很重要，特别是如果培训的目的是通过改变行为来取得更好的结果时。在唐和他的儿子吉姆合著的《实施四个层级》（*Implementing the Four Levels*）一书中，他们写道：“按顺序评估四个层级，或者尽可能多地进行评估，来打造一个学习价值证据的强有力的链条。”他们强调了展示培训价值的重要性，“最大限度地将其意义植入培训利益相关者的心中和头脑中”。如今，柯氏四级评估模型整合了培训利益相关者的期望，评估在培训周期的设计阶段就开始启动。

20 世纪 80 年代初，杰克 · 菲利普斯发表了有关培训评估的原创性著作，他试图扩展柯氏四级评估模型的第 4 级，将项目成功的财务指标——投资回报率包括在内。我们应该意识到，虽然有些人喜欢将投资回报率称为“第 5 级”，但在现实中，该模型并不包括第 5 级。

评估的重要性

评估是很重要的。它需要时间，但是必不可少的。专业培训师会在他们的规划中留出时间评估结果，从而保证每个人都了解培训中的变化，当参与者回到工作中时将向他们提供怎样的支持，以及最小化阻止培训迁移的障碍。

中国石油天然气集团公司的陆洋认为：“我们中国的参与者必须将内容看成与我有关，并且对我有用。”为了做到这一点，大多数培训师在培训项目中会采用唐纳德 · 柯克帕特里克的四级评估模型。

- 第 1 级，反应：参与者对培训机会的态度，如对于参与培训或所学知识和技能的满意度。
- 第 2 级，学习：学到的知识和技能，如最佳实践或掌握工作任务所需技能。
- 第 3 级，行为：工作中学习和实践技能。
- 第 4 级，结果：展示培训对组织的影响的量化结果。

四级评估的其他方面

柯克帕特里克最初的模型也在不断发展。他的儿子吉姆·柯克帕特里克扩展了这个模型，如图 8-2 所示。该模型强调了结果（第 4 级），把重点放在了集体努力上，包括为了实现利益相关者期望的回报，培训部门、主管和高层领导需要共同努力。将培训中定性和定量的全面衡量作为基石，启动正规的培训，该模型提供了价值指标。

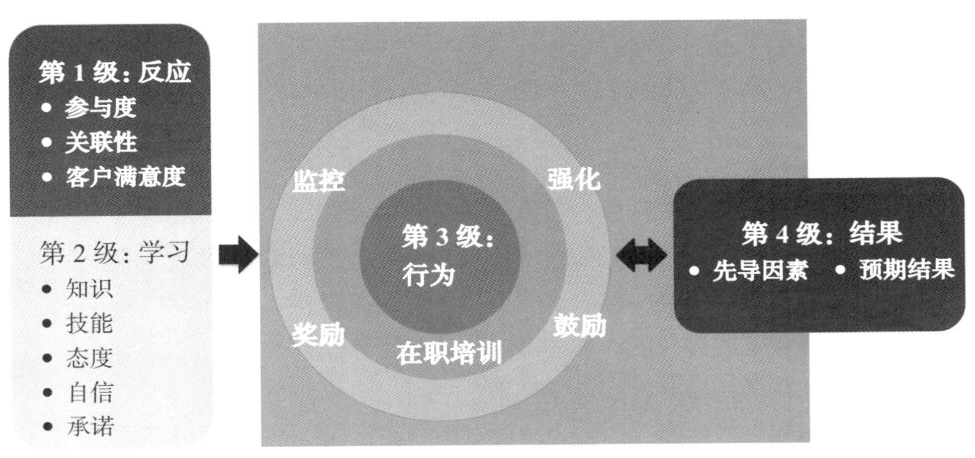

图 8-2　新的柯氏四级评估模型

为了实现“预期结果”，培训专业人士必须询问问题，澄清和完善关键业务利益相关者的期望，并把这种期望转化为可观察、可衡量的业务或任务结果。聚焦“预期结果”就像对准柯克帕特里克的四级评估模型，你需要先问第 4 级的问题。这些问题可能包括：

- 成功看起来是什么样的？
- 参与者利用他们的所学可以做什么？
- 本次培训工作将如何影响我们的客户？

- 培训对我们的利润将产生什么影响?
- 你如何知道我们正在实现这一目标?
- 你的目标是什么?

此外，新的柯氏四级评估模型强调了与主管和经理合作的必要性，鼓励他们让参与者为培训做好准备，并通过强化所学的知识和技能使参与者在培训后发挥关键作用。你也将确定指标，以判断培训是否实现了目标。你从一开始就应该了解指标是否达到，启动是否成功。所有这些步骤都将在你的设计过程中完成。

例如，如果你的公司正在为销售人员提供培训，你可能会问以下这些问题。

- 你希望员工掌握什么技能?
- 因为这些新技能，公司应该看到怎样的预期结果?
- 你将设定哪些指标以表明产生了预期结果?
- 基于这些新技能，你的客户将体验到什么?
- 你将使用哪些数据衡量结果?

下面有一些指标，你的公司可以用来评估四级中的每一级。

第 1 级：反应

- 参与者对培训的相关性感到满意。
- 参与者认为培训项目涵盖了承诺的目标。
- 参与者认为培训师鼓励参与和提问题。
- 参与者在培训过程中可能希望有更多的角色扮演机会。

第 2 级：学习

- 参与者可以说明公司最畅销产品的特性和优势。
- 参与者可以利用研究成果来提高效益。

- 参与者能够演示如何将培训与电话销售的主要议题快速结合起来。
- 参与者知道事实问题和优先问题之间的区别。

第 3 级：行为

- 参与者向客户描述产品如何满足特定的需要。
- 参与者在电话销售中与客户建立关系。
- 参与者在电话销售前计划使用视觉效果。
- 参与者在电话销售中使用更多的开放式问题，而非封闭式问题。

第 4 级：结果

- 在 4 周时间内，参与者的销量每周都会增加。
- 对于从销售代表那里获得的服务，客户报告的满意度提升。
- 参与者相比以前有更多的电话销售。
- 较上年客户保有量增加。

你的培训计划的全面评估可能涉及所有四个级别：反应、学习、行为和结果。评估的每个级别都有自己的价值，所有证据的结合能够真正表明培训是多么有效。

第 1 级：反应

最常见的一种培训评估是反应。相比其他级别的评估，这级评估容易、快捷，并且花费较少。培训结束时，你希望了解培训是否满足了参与者的期望。试着在整体上了解参与者对培训的反应，并且了解他们对各部分的感受。

你可能会问如下问题。

- 进行评价：

1. 我觉得我已经准备好使用我学到的知识或技能。

（从来没有）1　2　3　4　5（经常）

2. 该培训项目与我工作中需要的知识或技能相关。

（从来没有）1　2　3　4　5（经常）

3. 该培训项目激励我实践所学的知识或技能。

（从来没有）1　2　3　4　5（经常）

4. 该培训项目实现了既定目标。

（从来没有）1　2　3　4　5（经常）

5. 培训师鼓励参与和提问题。

（从来没有）1　2　3　4　5（经常）

- 你在培训中发现的最有用的知识或技能是什么？
- 为了在工作中更加成功，你还需要哪些知识和技能？
- 对于改善这次培训，你有什么建议？

在评估学习和发展机会时，我认为我们必须评估“4C 标准”，以确保我们正在做正确的工作。

- 能力（Competence）：你以一种能够提高参与者能力的方式提供内容吗？
- 承诺（Commitment）：你鼓励参与者做出返回工作场所时应用所学知识或技能的承诺吗？
- 信心（Confidence）：你向参与者灌输了他们会成功的信心了吗？

- 客户满意度（Customer Satisfaction）：你在整体上满足参与者了吗？

第一个 C 很简单，也符合逻辑。我们应该提高参与者的“知识、技能和态度”，也就是能力。但是，如果我们没有让参与者做出改变的承诺，增强他们可以改变的信心，他们就不会实践新的知识和技能，绩效也不会改进，所有一切都将保持不变。你对参与者的影响力可以确保他们返回工作场所时将他们在培训中学到的技能或知识付诸实践。下面这些表述可用于评估 4C 标准：

1. 我已经准备好使用我学到的知识或技能。（能力和信心）
2. 该培训项目与我工作中需要的知识或技能相关。（客户满意度）
3. 该培训项目激励我实践所学的知识或技能。（信心和承诺）
4. 该培训项目实现了既定目标。（客户满意度）
5. 培训师鼓励参与和提问题。（信心）

在设计培训评估的第 1 级时，考虑一下上面提到的 4C 标准。确保你询问的问题能够衡量能力、承诺、信心和客户满意度。英格索兰亚太地区学习总监王媛（瑞纳）认为，她的参与者会“预期鼓舞人心的影响”。这类似于确保你的参与者做出承诺并增强信心。

第 2 级：学习

除了解参与者如何看待培训项目，你还需要知道他们将获得什么样的知识、技能和态度。衡量学习效果的常见方法是测试。然而，构建一个既有信度又有效度的测试是很不容易的。一个可靠的测试每次都会得到类似的结果。一个有效的测试会衡量它打算衡量的东西，而不是无关的东西。

因此，花点儿时间来获得测试项目的反馈，并且在用于实际参与者之前，用一个小组进行测试。谨记培训项目的目标不是事实记忆，而是实践应用。查看参与者是否能用他们自己的话说明信息、提供例子并应用于各种情况。如果没有这些信息，想确定参与者是否实现了真正的学习而非记忆是不可能的。

快速小贴士

你可以让参与者在课堂上下载调查问卷，然后通过电子邮件发送给你。虽然这种办法可以节约时间，但你要明白它有两个缺点：通过电子邮件发送会减少匿名性；等到培训结束后再接收将显著减少你收到的数量——数量通常达不到一半。

如果你提前做好准备，你可以在课堂上向每个人发送一个链接，如 Survey-Monkey，这样会消除以上的问题。

为了进一步保证参与者确实学到了知识和技能，在培训开始前和结束后（虽然有时候不实际）测试参与者的知识、态度和技能是可行的。根据培训前后的比较来确定由于培训项目而发生的变化就会更加容易。

除了测试，你还可以通过其他渠道获得证据：

- 在培训项目结束后，通过公文筐练习、游戏、案例研究或角色扮演，检验参与者的学习情况。
- 对参与者进行访谈，看看他们对与工作相关的问题作何反应。
- 提供需要参与者整合所学内容的项目任务。

不要忽视向参与者直接询问他们学到了什么，以及如何将所学应用到实践中。虽然自我报告不能构成证据，但它可以在某种程度上显示学习正在发生。最简单的方法是使用调查问卷或访谈，并向参与者询问问题：

- 你现在掌握了哪些工具或技能，而这些都是在培训前你没有掌握的？

- 你学到了哪些可以立即使用的知识或技能？
- 你在课堂之外进行了哪些实践？
- 在本次培训后，你有哪些意图或计划？
- 你下一步想要学习什么？

第 3 级：行为

如果你的培训聚焦于工作场所应用，最简单的评估方法是在参与者回到自己的工作岗位后进行调研或访谈。下面是一些需要考虑的问题：

- 你将在培训中学到的知识或技能用于实践了吗？
- 培训项目帮助你提升工作绩效了吗？
- 你可以采取哪些具体措施来继续或提高培训中所学技能或知识的应用？

虽然参与者的自我报告可能具有价值，但是你应该确认参与者在实际工作中是否实践了培训的目标。你可以通过观察他们的实际工作表现，或者从主管和客户等其他关键人员那里获得反馈来评估参与者参加培训后的绩效。结合参与者的自我报告和主管的反馈是非常有用的。你可以要求参与者在培训结束后完成一个跟踪表，跟踪表是有关他们计划如何实施培训中所学的知识和技能的。在三到四周里，向参与者和他们的主管发送一个用于评估的跟踪表。

你也可以通过下面这些方法，获得第 3 级评估的数据：

- 参与者的绩效考核。
- 现场观察模范参与者。
- 由公正的观察者完成关键行为清单。
- 主管访谈。

根据巴克·斯代尔（Bark Sdale）和隆德（Lund）的建议，第 3 级衡量的实例包括：

- 流程衡量（例如，参与者回到工作岗位后遵循一个新的业务流程）。
- 生产力衡量（例如，参与者的误差减小）。
- 成本衡量（例如，参与者确定降低成本的方法）。
- 收益衡量（例如，参与者增加对其他产品的转介绍）。
- 安全衡量（例如，参与者遵守安全规章）。

第 3 级评估的挑战之一是获得证据，即参与者的行为改变是培训的结果，而不是其他因素的结果。这一点“证明”起来非常困难。如果这是对你的一个要求，在第 3 级评估中请考虑以下几个问题：

- 此次培训会涉及多少人？（培训参与的人越多，结果可信度就越大。）
- 有没有对照组？（如果没有参与培训的人也发生了变化，培训可能就没有必要。）
- 绩效改进的程度有多大？（小的行为改变可能使培训时间和费用支出不划算。）
- 改进可以持续吗？（培训后即时发生的行为可能在几个月后无法维持。）

第 4 级：结果

评估培训的结果可能是需要做的最困难的评估。一般来说，第 4 级的评估是需要耗时的活动，如焦点小组、战略访谈和观察。但是，如果你使用柯克帕特里克的预期回报模型，你的利益相关者可能都已经告诉你他们期望的“结果”是什么了，其中可能包括：特定部门离职率降低，销售额增加或缺勤率降低。除了询问利益相关者的期望，有些数据可能已经存在于组织中。下面有一些例子：

- 员工敬业度调查；

- 组织和团队士气总分；
- 客户投诉的数量；
- 员工保留率；
- 销售收入；
- 销售成本；
- 安全评级；
- 客户服务评级；
- 工作流程和效率数据；
- 外部奖励；
- 营业成本；
- 合规与违规；
- 精确度研究；
- 一致性；
- 产品缺陷。

请注意，这些项目不仅会通过销售额、利润、收入、市场份额等影响组织的盈亏，还会影响组织的效率。评估时的一个危险倾向是，把所有的指标都简化为财务指标。这种做法也往往会使许多非财务指标变得不重要。

当然，第 4 级评估数据不会构成证明培训是有效的最直接的证据。除了使用对照组，评估大师杰克·菲利普斯推荐了其他替代品，如趋势线分析。菲利普斯还建议使用其他的方法，如参与者、主管和专家估计，以及来自客户和下属的输入。你提供的证据越多，你的第 4 级评估将越有价值。

预期回报方法强调培训活动本身不能带来显著的结果。该方法不赞同使用估计、假设和实证的财务公式来隔离培训结果。但是，它承认结果源自各方面因素，如果你不进行衡量，不了解哪些因素有助于学习向行为迁移并获得后续的结果，你就不会获得成功的好评。预期回报方法不会试图隔离与培训有关的结果，但强调验证学习向工作场所行为的迁移与培训有关。

评估设计

显然，与培训项目一样，培训评估也需要同样精心的设计。你需要考虑三个方面。

1. **聚焦**：哪些因素正在被评估？有关下面任何之一的数据都可以被收集：

- 参与者的反应；
- 参与者的知识、技能和态度；
- 工作场所应用；
- 组织结果。

2. **工具**：什么工具可以被用来收集评估数据？以下任何一个都可以被使用：

- 问卷；
- 观察；
- 测试；
- 报告；
- 访谈。

3. **时间**：数据什么时候被收集？所有下面这些时间都可以：

- 培训前；
- 培训期间；
- 培训结束后；
- 观察期。

最后，请记住，积极的培训评估不仅关注结果，也关注流程。评估工作应该涵盖培训过程中发生了什么，以及培训是否会带来改变等内容。为什么评估过程如此重要？很简单，如果针对培训中所发生的事情没有良好的记录，如果结果评估令人失望，那么你就不会知道应该做出何种改变。在培训期间，尽量撰写包括所有事件、参与者如何回应及自己如何反应的日志。或者邀请其他人来观察培训课堂，在培训过程中做观察。通过这样做，你将成为项目的积极参与者。

持续反馈

实际上，你不会希望等到培训结束后再去了解参与者的需求和满意度。你可以设计积极的培训项目来获得反馈和数据，在培训结束前不断进行调整。观察参与者的行为也能为你提供他们满意度的线索。他们微笑吗？他们看起来很警惕吗？他们问问题吗？

行为线索往往是很好的晴雨表，然而，它们不能给出完整的反馈。你可以通过猜测参与者的想法和感受来填补空白。尽管这些猜测可能准确，但是它们很可能也会受到你的恐惧（如果你非常焦虑）或自我（如果你过于自信）的影响。验证你的猜测是获得准确和详细的反馈的唯一途径。

除了观察，获得持续的小组反馈的两种主要方式是口头反馈和书面反馈。获得口头反馈是具有挑战性的，也可能非常耗时。获得书面反馈通常更快，威胁性也更小。但是，如果你想要进一步探讨，你无法立即澄清你收到的信息。口头反馈和书面反馈活动都必须精心设计。你也可以使用调查提供商（如 Zoomerang 公司或 Survey Monkey）来快速收集数据。另一个选择是使用即时调查工具，可通过平台，如 Adobe 会议。下面是一些最好的技术。

1. **反应调查**：创建简短的调查问卷并在适当的时候发给参与者。调查问卷可以不同的格式呈现。

- **短文**：请书面回答这个问题："对于提高××的培训，你有什么建议？"
- **清单**：检查能够描述对今天的培训课程反应的词语。
  — 进展缓慢的；
  — 有启发性的；
  — 势不可当的；
  — 实用的；
  — 组织良好的；
  — 引人入胜的。
- **完成句子**：完成开头为"我仍旧感到困惑的是……"的句子。
- **评级**：使用以下数据，对今日培训课程的价值进行评级。
  （高）5　4　3　2　1（低）
- **排序**：将所有模块进行排序，在与你最相关的模块前写 A，其次相关的写 B，最不相关的写 C。
  ________模块 1
  ________模块 2
  ________模块 3

2. **匿名评论**：在空白的活动挂图或白板上写上问题，并在休息时要求参与者在活动挂图、黑板或在空白的索引卡片上回答。下面是一些可能的问题。

- 哪个词最能描述你对今天培训课程的反应？
- 你会记住今天培训课程的什么内容？
- 你今天学到的最重要的事情是什么？

3. **口头调查**：通过要求参与者大声分享他们对培训课程的反馈，调查参与者的反应。如果你想要听到每个人的话，让志愿者帮忙，或者在小组内走动。下面是可以提出的一系列好问题。

- 在我们下次的培训课堂上你希望增加哪些东西？
- 你希望减少哪部分？
- 你希望保留哪部分？

4. **非正式访谈：**在休息和吃午餐时征求参与者的反馈；或者在晚上安排时间以轻松的方式和参与者讨论他们对培训课程的感受。可以询问以下问题。

- 这份材料如何与你的需求契合？
- 这份材料在多大程度上与你的情况相关？
- 需要澄清什么？
- 我们为进入下一步做好准备了吗？

如果你正在进行虚拟课程培训，你也可以使用所有这些问题收集评估数据。

绩效和学习迁移

培训本身不会带来长期的学习和改变。培训结束后接下来的事情对于成功也非常关键。在某些情况下，学习迁移也取决于培训前发生的事情，例如，与主管开会，明确学习目标和目的，并确保工作环境支持新的行为。

有效培训和无效培训的差别在于对培训应用给予的关注。遗憾的是，应用阶段往往是培训设计中被忽视的部分。

在培训发生前促进团队参与

当被应用到组织工作中时，培训就会产生价值。你的工作的一个关键部分是要确保参与者将他们课堂所学的内容迁移到工作中。在培训开始前，促进每个参与者团队的参与。通过预先培训参与者的主管开始。当参与者参加培训时，主管不仅能够扮演管理者的角色，也可作为导师、教练和鼓励者。当培训课程被持续跟进时，就可以实现高达 300%的投资回报率。相反，如果得不到持续跟进，培训结束后的技能应用就会很少。

当然，该步骤初始费用投入会比较高，非常耗时，并且难以进行。如果不能预先培训主管，你也有机会向他们汇报其员工正在接受培训的情况。在汇报中，你们必须讨论以下问题：

- 培训计划的目标；
- 课程大纲；
- 培训中使用的活动种类；
- 课程材料；
- 促进技能进一步应用的建议。

如果你在制订培训计划时牢记组织目标，那么管理层会相信参与者将发现他们的新技能与组织目标和优先级之间的联系。

让主管成为你的盟友的另一种方法是，在培训课程前期的准备工作中争取他们的合作。给参与者时间，让他们从常规事务中解放出来，阅读前期材料或完成课前作业。让主管坐下来，与他们的员工一起，帮助他们确定需要带到培训中的一两个个人问题，这样会更好。这个问题随后会成为你的教学中现实问题解决的基础。

在培训开始之前，要求参与者和他们的主管选择一个需要完成的项目，这样会使参与者参与学习变成可能。如果你在虚拟培训中这样做，一定要在你的书面指导中写清楚，并且通过电话或电子邮件提供协助和予以澄清。当参与者带着项目来到培训课堂，并且他们已经就这个项目和管理层或团队进行了讨论时，在工作场所应用培训所学将被纳入培训设计中。

当然，获得管理层支持的最好办法就是邀请主管为自己的团队开展培训课程。虽然这种做法曾经非常罕见，但这种可能性日趋常见。曾为中粮集团服务 12 年的刘菲指出，中粮集团在使用这种方法方面非常成功。参与者报告称，只要管理者自身做好开展培训的准备，管理者领导的培训就会非常成功。

在培训期间提供支持

就像教授新技能一样，你也可以促进员工保留和培训在工作场所的应用。为参与者掌握技能留出足够的练习时间。一些培训师倾向于从教授一项技能快速过渡到另一项技能，中间没有足够的练习。例如，你可以给参与者提供机会，进行角色扮演，并且让同事对他们的绩效给予反馈。当参与者能够越来越熟练地进行练习时，其自信心会得到增强。最终，他们会觉得自己真正掌握了技能。

如果在现实中能够实践培训所学，参与者将更愿意在工作岗位上应用新技能。培训情境和工作场所的情境越相似，学习将更可能持续，甚至对重新创建工作场所的物理环境也会有所帮助。例如，如果使用真实的客户来电录音，并且培训发生在实际的呼叫中心，那么呼叫中心培训将会大幅改善。

随着参与者学习新的技能，培训师要鼓励他们表达对于新技能的想法，以及对于自身表现的感受。如果有机会表达自己的意见及想法，参与者将不太可能抵制培训。有些培训师喜欢将他们崇尚的技能、思想和方法强加给参与者。鼓励参与者得出自己的结论将更加有效，最终，参与者将决定是否使用你所教授的知识和技能。

例如，你可以让一半的参与者围坐成一个圆圈，其他参与者围绕这个圆圈站成一圈。在这个过程中可以设定各种规则，外圈的人充当观察员，但是在讨论过程中可以选择与内圈的人交换位置。要进行这项活动，你需要了解组内的所有成员，确定他们学到了什么，以及他们将会做些什么。

如果你能够在培训期间安排时间让参与者回到工作中，你可以给参与者分配在自己的工作环境中完成的任务。在下一次培训时，你可以让参与者分享实际工作中的任务进展如何，并询问他们对一直在学习的技能存在何种问题。

所有以下这些工作都可以用于传统教室培训和虚拟培训：

- 让参与者配对，并彼此充当对方的教练。
- 请参与者评估自己，并在培训课堂上确定一个“哥们”，可以帮助指导他们或鼓励他们练习特殊技能。
- 向参与者提供工作支持。
- 在培训后创建同伴辅导小组继续培训。
- 让参与者完成行动计划。
- 让个别参与者做关于他们在返回工作岗位后打算如何做的发言。

培训后跟进参与者

确保学习向工作场所迁移往往需要一名导师或教练跟进参与者。指导和辅导是确保迁移有效的方法。中国的教育传统更多强调告诉学生正确的答案，而西方教育则强调提出好的问题，这样他们可以自己找出答案。有时，中国参与者不习惯辅导，他们希望得到建议。如果你是一名教练，或者你在帮助别人成为一名更好的教练，请关注这个问题。不要拘泥于提供所有的答案，或者变成“专家”。记住你所了解的成人学习理论。

随着中国企业变得更加国际化，许多你今天开发的人才会在不久的将来成为这些企业的领导者。你的组织知道它们需要国际竞争。它们正在迅速发展，并且雄心勃勃。这意味着组织也知道它们需要快速开发自己的人才。这表明中国作为全球性力量的成熟。

你的培训工作的一部分可能是在培训结束后作为一名教练或导师跟进。

提供在职支持

大多数组织希望它们的管理者开发人才。然而，很少组织明确将人才发展确定为管理者绩效考核的一个关键项目。清楚这一点的组织普遍将绩效管理体系与人才发展及补偿和福利联系起来。大多数组织和管理者都认为人才发展应该与管理者的晋升和绩效评估联系起来。他们只是没有花时间去这样做。我预计这个变化就在不远的将来。

> **快速小贴士**
>
> 有时，培训师会讨论参与者的技能和意愿是否会在培训结束后成为取得卓越绩效的障碍。这指的是，员工可能已经掌握了技能，但不愿意在工作中运用。因此，员工不使用所学技能的真正原因不是技能本身。

培训师需要掌握扎实的培训和辅导技能，这样他们对于经理和主管就会更加有帮助。作为一名培训师，你会扮演两种角色。对于经理，你是一名培训师，你也会帮助他们成为好的培训师。

作为培训师，你要认识到自己的角色对于组织而言是多么宝贵——确保学习向工作场所的迁移，提供有关培训项目结果的评估。

本章提示：实现更好的评估结果

评估我们所做的事情至关重要。作为专业人士，我们有责任在 ADDIE 模型的每一步中增加评估步骤。我们需要在每一点上衡量结果。你需要在设计的初期就设计评估。评估衡量时使用定量指标（柯氏的四个层级或菲

利普斯的投资回报率）和定性指标（柯氏的预期回报率或布林克霍夫的成功案例法）。

此外，你还可以通过实施如下建议将需求模型化以便持续评估。

- 在评估时，重新圈定你的目标。
- 学习将结果和企业盈亏结合起来的艺术和科学。
- 与客户和参与者分享结果。
- 在短期培训后，使用活动挂图进行快速评估。画一个大 T 网格，在一边写上“效果很好”，在另一边写上“需要改进”，然后寻求参与者的看法。
- 允许匿名回答问题。
- 保留一个评估副本。使用其中的意见和建议，提高你的未来绩效。
- 培训后和主管会面，确定学习在多大程度上会被迁移到工作场所中。
- 与关键领导人合作，确定培训如何影响企业盈亏。
- 考虑与关键领导人开展焦点小组讨论。他们会告诉你哪些技能迁移到了工作场所，哪些没有。

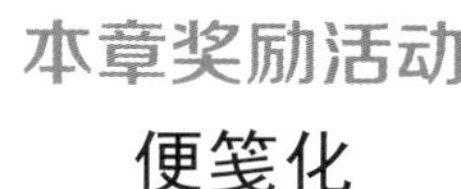

本章奖励活动
便笺化

概述
使用这项活动了解人们如何迁移所学内容。

参与者
参与者数量不受限制。

流程
1. 张贴活动挂图或在白板上标注“你将如何运用你今天所学的东西”。
   - 变化：“从明天开始你将采取什么样的行动？”
   - 变化：“在你的必做事项清单上有什么新任务？”

2. 在整个学习体验或讨论中，让参与者在便笺纸上记录行动，并将其贴在活动挂图或白板上。

3. 休息期间，按主题整理便笺纸上的行动。休息或吃完午餐后迅速汇报行动。例如：“到目前为止，我们已经确定了多种方法将我们今天的所学应用到日常工作中，如______________。”哪些额外的行动会为你、你的团队或你的企业带来改变？

4. 邀请参与者记录更多的行动，并将它们写在便笺纸上。

5. 体验过后，立即将所有的行动进行组织和分类。将它们分发给参与者。

6. 体验结束一个月后，重新分发行动清单，并且要求参与者向小组分享“这会带来什么改变”。如果可能，举例说明。

汇报
- 在我们询问有关行动的想法时发生了什么？
- 在共同时间之外，这将如何支持你的持续学习？
- 谁将帮助你为完成行动负责？
- 如果你完成了所有行动，对业务的影响是什么？

- 为什么行动计划是一种有效的学习策略？

变化

- 每张便笺纸上包括谁将在什么时间做什么，制订项目计划。
- 在学习体验中让参与者分享观点，鼓励他们将想法转化为行动。

实例

在专注于培训的领导力发展体验中，参与者确定了下列行动：

- 安排一次谈话，讨论职业机会。
- 利用提供的资源策划培训谈话、监控进度和构建问责制。
- 分享这将为你的员工和业务带来哪些改变。

第9章

从普通培训师到专业培训师的转变

是什么导致了普通培训师与专业培训师之间的差距呢？是超乎你想象的行为、技能及行动。现在让我们回顾一下第 1 章中列举的成功的培训师所具有的 16 种习惯。其中你可以看到我不仅仅提到技能和能力。是的，要成为一名专业精湛的培训师，不仅仅只是撰写一个完美的目标，策划一项激励人心的活动，或者提供没有瑕疵的内容。虽然我无法提供一个模板教你如何把自己塑造成更优秀或让人们热血沸腾，又或让别人更加信任你的培训师，但是，我可以提供一些想法，让你知道如何开始你的旅程。

本章的目的是让你成为一名专业的培训师。请深思下面四条变革性的建议。

- 了解自己的培训风格。
- 成为完美的引导者。

- 注意自己的心态。
- 成为终身学习者。

了解自己的培训风格

提高你的专业技能的最有价值的一步，就是清楚地了解自己的培训风格［展示（Presenting）、指导（Guiding）、引导（Facilitating）、教练（Coaching）］及其优缺点。

每个培训师在培训过程中都有其独特的优点。高效的培训师会看到这些优点并利用它们。要做到这点，了解自己的培训风格及行为模式是非常必要的。

对自己和自己的培训风格了解得越深入，你就越容易成为一名优秀的培训师。首先，如果你了解自己的培训风格，你就可以找出自己的缺点并努力改正它。其次，了解其他人的培训风格将有助于你找到对所有参与者都很重要的培训点，从而让每个参与者都很容易学习和接受。最后，你了解的培训风格越多，你越容易成为其他人学习的榜样。

人与人之间的不同决定了每个人都有自己的偏好，所以不同的培训师表现出不同的培训风格。理想情况下，培训师可以在四种风格中找到平衡。但是，完美的平衡几乎是不存在的。接近完美平衡的培训师能做到：

- 清楚自己的风格。
- 知道所有风格的优点。
- 必要时可以扮演所有的角色。

有的培训风格比其他培训风格更加吸引参与者。从专业角度来看，优秀的培训师会在培训过程中调整他们的培训风格来满足每个参与者的需要。培训风格模型是建立在四个维度上的：内容、过程、任务及人。将四个维度放在坐标轴上来表示四种风格（见图 9-1）。

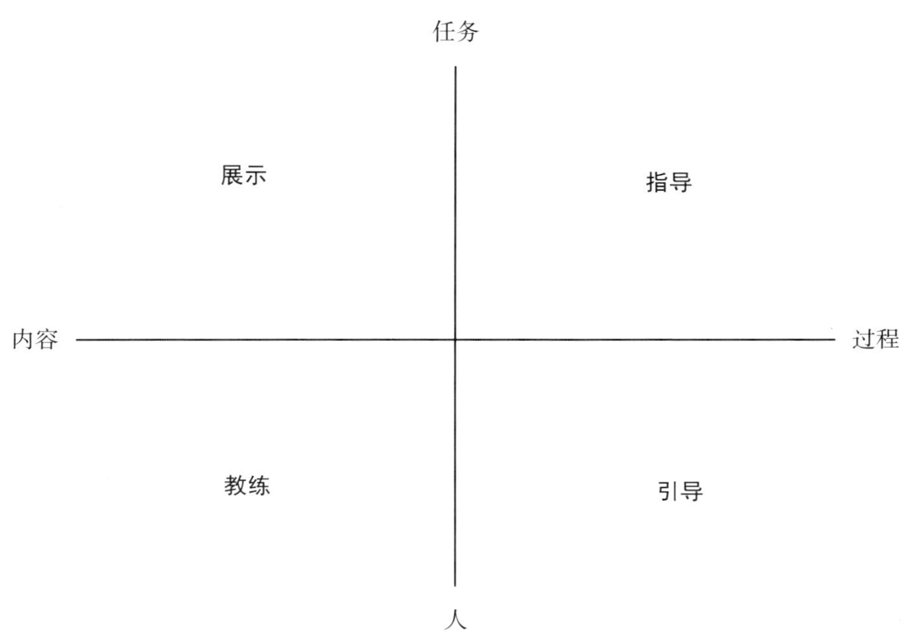

图 9-1　培训风格模型

培训风格模型

该模型说明了培训四个维度（内容、过程、任务和人）的相互关系。相互垂直的直线代表两个连续体。水平轴的一端是内容，另一端是过程。垂直轴的一端是任务，另一端是人。记住，培训师通常偏好每个连续体的一端多于另一端。

接下来我们将分析它们的不同之处，以便了解它们的具体含义。

内容/过程连续体

培训师要么关注内容，要么关注过程。因此，水平轴是一个左端是内容、右端是过程的连续体。每个培训师根据他们个人偏好的不同可能出现在连续体的任何位置。

内容是学习体验的目的。一个更想确保自己课程的内容可以正确地传达给每个参与者的培训师是关注内容的培训师。这种风格的培训师会在内容的正确性上下功夫，并确保向参与者提供了所有的内容。这种喜欢内容多于过程的培训师，会尽自己最大的努力把所有的信息都包含进去。在连续体内容这一端的培训师经常会说“这些是你需要的信息”或“其他有用的资源也包括了”。

过程是一个培训项目以及包含在这个项目中所有事件的整体流程。过程包括积极讨论、小组活动及话题转移等活动。这种喜欢过程多于内容的培训师可能会放弃内容以确保每个参与者都有很好的体验。在连续体过程一端的培训师经常会说“讨论进行得很好”或“所有事情进展很顺利”。

任务/人连续体

像图 9-1 中显示的那样，垂直连续体的顶端是任务，底端是人。同样，根据偏好不同，培训师可能出现在连续体的任何位置。

任务关注的是培训师为了顺利构建学习环境所需要的所有细节。任务可能包括任务设置，如重新排列表格、创建时间表及建立互联网连接。一个喜欢任务多于人的培训师可能会放弃讨论或休息时间。一个处在连续体任务端的培训师可能会说“我必须先完成这个任务”或“我们需要停止讨论并进行下一步行动”。

人重点关注的是参与者及培训项目中其他与参与者相关的事情。关注人的培训师经常做这些事情，比如，为了满足参与者的需求而修改课程，鼓励参与者自我介绍和讨论，以及按时间表及时休息等。关注人多于任务的培训师往往不能很好地执行进度。他们经常为了“赶进度”而不得不缩短很多课程。处在连续体人一端的培训师经常这么说“你怎么看”或“你怎么想”。

哪种更好呢？都不够好。为了确保培训成功，你需要重视任务和人两个方向。事实上，对一次成功的培训课程来说，四个维度同样重要。你怎么看你自己？或许你偏向连续体的一端多于另一端。或许你坚信你在两端的平衡位置。或许你能够同时展示一个连续体两端的特点。这仅仅意味着你可以同时做到这些。想一想你“更喜欢”做什么——那些你做起来很自然的事情。这是非常重要的，因为当你赶时间或有压力的时候，你更倾向于做那些“自然”的事情。

你的培训风格偏好

许多成功的培训师可以很轻松地根据实际情况在连续体的所有位置任意移动。然而每个人都更喜欢待在连续体的某个特定位置，这个位置不是其他人要求的而是你自然选择的。在连续体上定位你自己和你的偏好。

展示。你把一个连续体叠加到另一个连续体上，就得到了图 9-1 中看到的可以展示四种不同培训风格的坐标轴。当你把水平轴的内容一端和垂直轴的任务一端结合在一起的时候，你就得到了一个喜欢教授内容、有组织能力和控制能力的培训师。我称这种培训风格为展示风格。

指导。当你把水平轴的过程一端和垂直轴的任务一端结合在一起的时候，你就得到了一个有明确预期、能系统性展示及使用逻辑方法的培训师。我称这种培训风格为指导风格。

引导。当你把水平轴的过程一端和垂直轴的人一端结合在一起的时候，你就得到了一个能很好倾听、鼓励参与者互相讨论及激励参与者的培训师。我称这种培训风格为引导风格。

教练。当你把水平轴的内容一端和垂直轴的人一端结合在一起的时候，你就得到了一个激励参与者、指导参与者得到答案却不直接告诉他们，以及鼓励参与者有更大目标的培训师。我称这种培训风格为教练风格。

确定你的培训风格

如何确定你的培训风格？一种方法是使用人格和行为测评结果来认定沟通能力，以及其他与培训相关的行为倾向，如 MBTI 或 DISC 等。另一种方法是本文提供的培训风格模型，即基于培训师表现出来的行为：内容、过程、任务及人。大部分培训师四个维度都会有，但是更倾向于其中的某一个或两个。花点时间完成下面这个自我测评可以帮助你确定自己的培训风格。

培训风格自我测评

用 1 ~ 5 表示以下陈述的准确程度：1=不符合；3=中等符合；5=符合。

1. 我喜欢用语言鼓励参与者尽可能多地学习。

2. 我提供一个清晰的思路以便参与者自学。

3. 我会确保气氛活跃。

4. 我喜欢站在小组前面。

5. 我在培训环境中非常热情，因为我觉得我的热情可以调动参与者的积极性。

6. 我相信为参与者提供带有说明的信息和材料让他们为自己的学习负责就足够了。

7. 在培训课程中，使用小组和个人互动比讲座或者个人练习要重要得多。

8. 当我行动起来的时候，我可以明显地调动参与者的积极性。

9. 学习中的每个小进步都应该被积极强化。

10. 我会确保每个参与者都有时间思考学习内容。

11. 我相信决定培训课程活动的顺序时，灵活性是非常重要的。

12. 当参与者对我的介绍给予了积极回应时我会非常高兴。

13. 我认为参与者会把我当作他们中的一员。

14. 我相信参与者通过管理行为和互动参数可以在培训课程外获得更多。

15. 所有参与者在小组讨论中都需要有机会表达想法。

16. 一个好的培训师必须能够有逻辑、有条理地把内容讲清楚。

培训风格自我测评分数

检查一下针对每个表述你选择的数字，为每个培训风格求和。

1. 将表述 1、5、9、13 的数字相加=____倾向于教练风格。

2. 将表述 2、6、10、14 的数字相加=____倾向于指导风格。

3. 将表述 3、7、11、15 的数字相加=____倾向于引导风格。

4. 将表述 4、8、12、16 的数字相加=____倾向于展示风格。

小提示：

- 教练风格与人和内容有关。

- 指导风格与任务和过程有关。
- 引导风格与人和过程有关。
- 展示风格与任务和内容有关。

这四种风格对确保培训成功都非常关键。

在你开始阅读这些培训风格并对自己的培训风格进行定义之前，我不得不提醒你放松。让我重复一下，这些培训风格没有哪种比哪种更好。这些信息仅仅用来帮助你了解你的个人偏好。这样你就可以知道你的优点是什么并且知道哪些方面你需要提高。

在下面的章节中，你可以探索这些培训风格的一些优点，同时考虑这四种培训风格的注意事项。这些注意事项是每种培训风格必须注意的地方，尤其是在培训师有压力的时候。

我给每种培训风格贴上的标签是我尽可能准确地从英语词汇中找出来的（对于你们中的很多人来说，本书可能从英语译成了汉语，这就使得准确地表达这些词汇的含义更加困难）。你要知道，展示、指导、引导、教练这些名字只是为了表述更简单。因此，我每次都是说“展示风格”而不是说“左上象限的风格”。

展示风格的优点

- 提供有趣的介绍。
- 喜欢站在众人面前。
- 有积极的影响。
- 有组织能力和控制局面的能力。
- 乐于传授知识。
- 可以激励参与者。
- 思维敏捷。

展示风格的注意事项

- 不能或者不允许参与者进行自我发现。
- 可能不得不处理自我的问题。
- 可能过于操纵和支配参与者。
- 可能太结构化。

指导风格的优点

- 表现出非常清晰的期望和界限。
- 在参与者的学习中扮演了积极的角色。
- 更喜欢有挑战的技能。
- 负责制定基本规则，引导有困难的参与者。
- 提供系统性的介绍。
- 使用逻辑方法。

指导风格的注意事项

- 可能没有有效的软技能。
- 在演讲中可能缺少灵活性。
- 可能没有意识到参与者兴趣乏味。
- 可能没有能力解决设备故障。

教练风格的优点

- 在培训过程中支持互动。
- 有激励性和鼓励性。
- 往正确的方向引导参与者。
- 表现出真挚的热情和积极的态度。
- 很容易鼓励参与者。
- 很自然地增强参与者的信心。

教练风格的注意事项

- 不能很好地结束话题或课程。
- 可能提供资源而不是材料。
- 可能不擅长内容细节。
- 可能缺少尊敬和信誉。

引导风格的优点

- 鼓励积极参与。
- 表现出很好的倾听能力。
- 努力与参与者处在同等的位置上。
- 鼓励互动。
- 体现马尔科姆·诺尔斯的成人学习理论。
- 使用体验式学习并验证效果。

引导风格的注意事项

- 过多地关注讨论而很少关注内容。
- 可能注意力维持时间很短。
- 可能不擅长逻辑思维。
- 可能失去控制。
- 可能忘记时间的存在。

让我再提醒你一次，没有哪种风格比其他风格更好。因此，你没有理由去改变风格。你只需要做好你自己，对需要注意的事项投入更多关注。

风格培训

尽管你有偏好，但这不能成为不去改进你需要提升的方面的借口。那些你可以学到的技能和你可以获得的能力决定了你所在的象限。

抓紧时间考虑一下你的培训风格。你的偏好是什么？你能平衡使用这四个象限吗？或者你有很强的偏好吗？你的优点是什么？哪些方面你需要改进？通过思考这些内容你获得了哪些见解？获得了这些知识以后你要做出哪些改变？

成为完美的引导者

作为一名培训师，在培训课程中你会遇到各种情况。有的参与者因为一些未知的因素会把培训当成一种惩罚；有的参与者觉得自己已经“懂得”了所有的知识而藐视你的教学；有的参与者把培训看作“糟糕的学校学习经历”，就像他们昨天刚收到的糟糕的成绩单一样；还有的参与者可能带着个人或工作的日常负担来参加培训。

当你准备好去帮助他们的时候，要记住你作为一名培训师的身份。你不仅要完成今天的教学任务，还要做得更多、更深入。你有机会带来变化——给他们的生活带来巨大的变化。有一天哪怕你只让一个人的生活发生了改变，你都会感受到培训的魔法和力量。这才是对你最好的回报。

作为一名优秀的培训师，你有责任给所有参与者构建一个安全、引人入胜的学习环境。

构建一个安全的学习环境

从你自身开始，构建一个安全的学习环境。一个很重要的原因是你花费了非常多的精力去准备，所以必须确保各种培训元素是一致的并且能够尽可能好地发挥它们的作用。这让你可以加入到参与者当中并满足他们的需求。下面是构建一个安全的学习环境的一些方法。

- 提前与参与者沟通培训课程，并阐明培训课程的目的和目标。
- 在参与者到达时欢迎他们，记住他们的名字，欢迎他们来参加课程。
- 告诉参与者为什么进行培训。
- 尊重每一位参与者，即使那些让人头疼的参与者。
- 叫他们的名字并努力记住他们。
- 对讨论的内容及培训课程中发生的事情要保密。
- 让他们了解你是谁——不仅仅是你的身份，还有你的为人。

构建一个引人入胜的学习环境

如果你更多地关注沟通，关注参与者的学习风格，关注构建一个舒适、安全的学习环境，那么你在构建一个参与者都想参与的引人入胜的学习环境的道路上更进了一步。

下面是一些你可以做的事情，用来构建引人入胜的学习环境。

- 让小组为培训的方向贡献建议。参与者驱动的技巧使参与者成为培训的主人。是的，你仍旧需要教授要求的知识和技能，但你可以在小组的预期之内做到这点。他们可能会确定符合目标的主题领域。如果没有，微调方向可以重塑期望。而且，如果只是单个参与者的需求，如与老板的问题，你可以在休息或培训结束后随时提供该话题的讨论。
- 确定实现和保持小组参与的方法。我假设你已经有了一个培训计划，该计划是专门为小组设计的、积极的、体验式的、有创意的、好玩的、快节奏的、多样化的和参与性的。

  你可以参考下面这些想法，为提升参与者动力做好准备：

  — 开展突击小测试，为了乐趣，当然也有奖品；

  — 在小组内寻求意见和激发讨论；

  — 给他们讲故事、问题或经验教训；

  — 询问他们需要或想要的东西；

— 提供道具供他们使用（我喜欢玩面团和蜡笔）；
— 挑战他们。

- 鼓励他们随时提问，把需要稍后回答的问题放在“停车场”中。
- 观看培训过程中参与者的行为和行为变化。如果某人以前是积极的参与者，现在有所退缩，你就需要核实一下。不要犹豫，将人拉到一边，询问你是否做了让他失望的事情。通常你并没有。这可能是由于个人问题，或者老板总是发送紧急信息。但是，你将给他留下你关心他人的印象。这对于创造有利于学习的环境是非常重要的。在某些特殊的情况下，你可能说了一些让别人误解或感到沮丧的话，你的行动也将为更正这个错误提供机会。

快速小贴士

如果参与者创建了一个期望列表并把它挂在墙上，当你完成这个列表上的项目时，勾选它们。这对参与者是非常好的，因为他们看到了进步。这对你也有好处，因为它会帮助你进行跟踪。

工具栏：怎样才能成为一名有吸引力的引导者

“她是一名有吸引力的引导者！”这究竟是什么意思？你天生就是如此吗？你可能天生拥有这种倾向，但变得更加具有吸引力是一项可以学习的技能。下面是一些具有可操作性的技巧，你或许可以尝试让自己变得更加具有吸引力（或只是检查和确认你已经拥有的吸引力）。这些技巧来自非凡培训师哈蕾莉·阿苏雷（Halelly Azulay）。

- **热情。**热情是将各行业的成功人士与其他人区分开来的特殊因素。光有热情是不够的，但热情是必要的。
- **真实。**“人们在一公里之外就能闻到假的东西。”你无法赢得参与者的信任，除非你展示真实和可信的自己。
- **显示自信的仁慈。**这是什么意思？仁慈是指牢记他人的最大利益，带着他人是好意的假设与他人相处，并且期待他人获得最大收获。自信的仁慈意味着展示你的自信，但不要让自信压倒你的谦逊，始终关注他人，也意味着尊重自己的价值，同时也尊重他人的价值。

- **平易近人。**有时，我们可能看起来让人觉得孤傲、冷漠、自大和难以接近。谦卑和专注于他人福祉的倾向将会使你显得平易近人。微笑，进行眼神接触，并且放松。
- **显示兴趣**。为了被视为专家或获得他人尊重，我们可以把更多的注意力放在我们要分享的东西上。将你的焦点转移到参与者身上并激活自己的好奇心。询问问题，对别人的想法、问题、反对意见、担忧或观点真正感兴趣。人们会被立即吸引到对他们感兴趣的人身边。
- **使用自嘲式幽默。**如果你表现得不那么严肃，你就会让参与者感到放松，这将帮助他们对学习和体验持开放态度。
- **言行一致**。当感知到语言和非语言信息之间的不匹配时，我们倾向于认为信息的非语言部分更可信、更值得信赖。不要向参与者展示不匹配的信息，并让他们猜测你真正的意思。保持一致，确保你的言语和行动相符。
- **乐观和保持高能量**。你的能量水平必须比参与者高几个等级。如果你坐在那里或昏昏欲睡，这一定会影响参与者。确保你能够散发能量，帮助参与者感到精力充沛。保持站立、保持移动并保持高能量。
- **值得信赖。**参与者会展示自己的脆弱，甚至会分享个人的或令人不舒服的故事和例子。参与者对你的信任越多，他们感受到的威胁就会越少，并且能够更好地利用机会，走出舒适区，到学习真正发生的地方去。
- **对反馈保持开放**。积极从参与者那里征求反馈意见，而不仅仅是在培训结束后的第 1 级评估中。在整个培训中，随时进行询问，如午饭后、第一天结束时或第二天早上：我应该继续做什么？为了建构安全、引人入胜的学习环境，我还可以做什么？以开放的心态聚精会神地倾听他们的反馈，并表明你已经通过改变课程将其铭记于心，这些课程变化将非常有意义。

参与者的介入和参与对于培训成功非常重要，这些都源于培训师的引导技能和安全、引人入胜的学习环境的构建。

注意自己的心态

要记住的最重要的事情就是把参与者放在首位。这将确保培训的设计和交付对于参与者来说是最合适的。你的培训心态必须包括你的世界观。我的一些观点：用积极的心态面对每一天，做出并保持承诺，真诚并平易近人。这种心态会把你和你的参与者最好的一面挖掘出来。

多走一英里

多走一英里？天哪！不是在进行一次伟大的培训，了解我的培训风格并构建一种安全、引人入胜的学习环境吗？是的，做好你的工作仅仅是个开始。多走一英里意味着你要尝试更多的方法来改进参与者体验和组织结果。

- 获取组织战略计划和商业计划的副本。阅读这些文件并将你所做的事情与这两个计划结合起来。确认你对组织成功的贡献。多走一英里，为你的培训伙伴获取两个计划的副本并在下一次员工会议上开展一次谈话，关于你的部门还能够做哪些事情以便为组织的成功贡献力量。
- 有时，参与者会询问培训过程中无法解答的问题，这可能是因为时间不够或缺乏必要的资源。这是一个让你多走一英里的好机会。这里有三种方式可以支持参与者跟进培训课程：寻找一本书或一篇文章，突出能够回答参与者问题的那一页，将附加的文字解释亲自发给参与者；找到能够回答这个问题的视频，与参与者分享视频链接并书写参与者如何将信息迁移到他们工作中的说明；向参与者引荐一名内容专家，以便提供解释和更多的资源。

展示热情

你的热情会带领你走得更远。热爱你所做的事。热爱你的参与者。热爱你的材料。如果你根本不热爱这一切，那么就表现得像确实热爱他们一样！你的热情是培训成功的特殊因素。你的热情是跳板，参与者想要倾听、学习、参与并且基于你提供的培训做出改变。你传递关于未来的希望、能量和激情。不要将热情与娱乐或有趣的故事、笑话混淆。热情是对你所做的事情的激情，对你所服务的人的承诺，以及你将如何充满信心地做。

我热爱培训。是的，有些日子，我拥有比别人更多的热情。我敢打赌，你也有这样的日子。我经常用自言自语来给自己打气："这将是这些参与者经历过的最好的培训！"下面是一些在需要的时刻帮我恢复热情和活力的方法。

- 即使话题对你来说并不陌生，但对于参与者来说是新的。记住他们可能是第一次听到这样的话题，想想讨论这样的话题对于他们来说将是多么令人兴奋。确定如何吸引更多的参与者参与。
- 做一些有点儿疯狂的事情：例如，如果你正在放映视频，那么为参与者提供爆米花；要求参与者在特定活动中使用蜡笔；天气好时在户外进行讨论；在虚拟环境中让参与者引导讨论。
- 利用培训项目的预评估，确定需要改进的地方。然后在下一次培训中加入改进。通过追求持续改进，你永远不会培训同样的内容。
- 在培训前一天，检查培训中你最不喜欢的部分。对我来说，这种情况通常是讲解太多而互动太少。返工部分设计，消除你不喜欢的部分。对我来说，这是提高参与度的一种方法。
- 观察别人开展培训的过程，识别新的演示和引导技巧。
- 浏览《培训师玩的游戏》（一本 ATD 活动书籍）或其他活动资源，增加新活动或修改原有的活动。
- 下载免费的 ATD 培训师工具 App，需找新思路。
- 实验你以前没有使用过的活动：篮中训练或接力培训。
- 尝试新的演示技巧或媒介。例如，使用相关 TED 演讲或开展辩论。
- 开展相关话题（互联网、杂志、书籍）的研究，这样你就会有新的信息可供分享或让你感觉自己已经准备好。

- 邀请演讲嘉宾开展工作坊，这样有利于保持你的精力旺盛。
- 与其他培训师进行角色扮演，共同推动培训，或者引入“点对点”式的讨论。
- 亲自去了解参与者。这可以帮助你理解他们对你所提供的技能有多么需要。
- 识别小组每天可以使用的新能量源。能量是具有传染性的。你可以从参与者那里获得。
- 寻找与培训相关的卡通形象，在休息时向参与者介绍或作为能量提振剂。
- 在培训前一天晚上拿出你的“微笑文件夹”——文件夹中包括感谢卡、超高评价、专用笔记、会让你发笑的卡通形象、剪报或者关于你的文章。花 20 分钟浏览它们。什么？你没有微笑文件夹？最好从今天开始创建一个。
- 认真对待每一次培训，好像你希望它成为你有史以来最好的培训。
- 尝试逆反心理学：想一下你曾经有过的最糟糕的工作（我的是在夜班生产塑料废纸篓），并将其与开展培训做对比。
- 培训结束后，给自己一个奖励。
- 确定两件可以让你保持活跃的事情，列在下面。
  — 我可以……
  — 我可以……

制作一个能够激励你和让你恢复活力的所有事情的清单。把它放在你每天都可以看到的地方。在你的生命中寻找激情。培训需要激情的火花，因为我们需要让如此多的人兴奋起来。热爱自己所做的事，并做自己热爱的事。

回馈职业本身

培训师是一种职业，想一下如何将你所获得的回馈你的职业、社区和个人。在整个职业生涯中，你不断地从他人那里获得支持。现在，让我们回馈职业本身。下面有一个清单可以帮助你开始。

- 为政府、公民或非营利组织提供志愿服务。
- 为你所在行业协会委员会提供志愿服务。
- 在当地 ATD 分会会议上做报告。
- 为培训期刊撰写文章。
- 培训培训行业的新人。
- 在当地学校或社区学院进行志愿演讲。
- 向为行业做出贡献的人发送感谢卡片。
- 启动奖学金。

是的，成为一名专业培训师需要很多：能力、信心、承诺、加倍的努力。你能行。做你有能力做的所有事情。托马斯·爱迪生（Thomas Edison）认为："如果我们做了所有我们有能力做的事情，我们一定会让自己感到吃惊。"去吧。什么会阻止你？让自己震惊吧。

成为终身学习者

本章将促使你从普通培训师向专业培训师迈进。花点儿时间想一下你的专业知识。谁能评估你是不是一名专业培训师？当然，你的上司会评估你的表现。但是，真正的评估者是你的培训项目的参与者。他们如何看待你，对于他们可以学到多少及他们在返回工作场所时会将哪些付诸行动非常关键。成为一名终身学习者对我们的职业来说不是新的观点。你是否考虑过你需要精通的所有技能？这项工作让人如此兴奋，这需要我们成为终身学习者。

理解 ASTD 能力模型

ASTD 能力模型（见图 9-2）使个人能够将自己的工作与组织的优先事项结合起来。它提供了对于培训职业的综合看法，并定义了各个专业领域。

你可以在《ASTD 能力研究》中阅读关于该模型的更多内容。

图 9-2　ASTD 能力模型

拥有一组明确的能力是任何职业的标志。简单来说，这就是培训师取得成功需要知道和需要做的事情。该模型形状如五边形，包括两层：基础能力和专业领域。

基础能力构成了成功完成很多任务的基础，因此位于该模型的基础部分。该模型定义了 19 种基础能力，并提供了每种基础能力包含的关键行动的例子。19 种基础能力被分为六组。

- **业务能力**：培训师将继续加强其在业务中的作用。这种角色导致了对其业务能力的期望。该组包括六种业务能力：分析需求和提出解决方案、业务应用、推动结果、规划和实施任务分配、战略性思考、应用创新。
- **全局观念**：培训师必须适应业务全球化的趋势。该组包括三种能力：欣赏和利用不同人的能力、见解和想法，与来自不同背景的人有效地开展合作，进行跨文化和跨国界有效合作。
- **行业知识**：培训师往往需要了解其他行业和行业部门。该组包括两种能力：积极浏览和评估有关当前和新兴趋势的信息，开发和维护其他行业的知识。
- **人际能力**：该组确定了五种人际能力：建立信任、有效沟通、影响利益相关者、建立伙伴关系网和情商。
- **个人能力**：该组确定了两种个人能力：展示适应性，塑造个人品牌。
- **技术素养**：该组确定了总体的技术素养：识别、选择和应用各种技术，以及将合适的技术与眼前的特定机会或挑战相匹配。

作为一名专业培训师，除了创造学习机会来升级自己的知识和技能，你还必须让自己处于一种不断学习的模式中。这主要有两个原因：首先，你是他人的榜样；其次，对于我们的职业和我们所服务的行业而言，必须与时俱进，并位于发展的最前方。

专业领域是培训与发展获得成功所需要的具体技术和专业知识及技能。它们组成了本行业的专业领域。虽然一些专业人士在一两个领域高度专业化，但许多人都渴望成为多面手，希望能够在多个领域展现深厚的专业知识。专业知识的十个方面包括：

- 绩效改进；

- 教学设计；
- 培训实施；
- 学习技术；
- 评估学习影响；
- 管理学习项目；
- 整合人才管理；
- 教练；
- 知识管理；
- 变革管理。

基础能力和专业领域提供了一个了解培训师职业要求的模型。该模型可以用来吸引人们从事该职业、解释该职业、指导职业规划决策并评估工作绩效。你可以将该模型作为指导来评估你的专业领域，并确定你的职业发展需要聚焦哪些领域。观察你所在的位置以及你想要去的地方。确定一些成功的衡量标准并瞄准它们。你可以创建包括知识和技能的衡量标准。下一步确定一个持续成长的发展计划。可以考虑以下几种策略。

时刻掌握最新的变化

发展你的技能和知识，让自己处于培训领域的领先位置。通过这样做，你可以为你的雇主和参与者提供他们预期的发展机会。时刻掌握行业最新的变化和趋势会让你对所从事的事业充满激情和热爱。

如今典型的参与者都是千禧一代，他们在排队或等飞机时会使用智能手机浏览最新消息，但这也可能会让他们分心。你的培训内容能够满足典型参与者的需要吗？你满足了各方的预期了吗？

1. 满足你的参与者：

- 设计小爆款？

- 非正式交付？
- 结合神经科学？
- 实施移动学习策略？

2．满足你的组织：

- 定义慕课策略？
- 策展内容？
- 为组织的领导者提供解决方案？
- 着眼于“如何”学习？

中国石化胜利培训学院院长张玉珍认为，培训师必须知道如何为组织及其绩效改进服务，让企业在变化中保持成功。

但是，这是今天。明天会怎么样？你为未来的参与者做好准备了吗？想象一下具有下面这些特点的学习。

- 我们亲自策展内容。
- 所有的学习都是个性化定制的。
- 学习的每个元素都是终身的。
- 学习在“增强的现实”中发生。
- 智能手机成为显示器，如谷歌眼镜，并且最终变成“芯片”人（芯片可以被插入，向所有人直接提供信息）。
- 互动在全息空间内发生（如《星际迷航》中的全息甲板和转运设备）。

是的，这些都是培训行业令人激动的时刻。变化的速度迫使我们要尽量掌握最新的变化。大多数人只能开发其潜力的1/3。在任何岗位上的成功专业人士的潜力开发都要超过1/3，因为他们在不断地学习和成长。终身学习者都做些什么呢？

- 终身学习者评估他们现在所处的位置与他们想去的地方并制订实现

目标的计划。

- 他们不断完善自己。他们找出更好和更有效的新方式并加以实施。
- 他们处于自己所处行业发展趋势的前沿。他们了解最新的实践和最新的潮流；他们拥有培训大师的知识及其哲学观点；他们知道帮助其保持知识渊博的专业组织和期刊。
- 他们了解工作的基础，以及如何在商业环境中实施相关策略。他们沉浸在能够提供培训基础的历史、研究和模型中。
- 他们了解客户（内部和外部）。他们跟进对于客户来说重要的一切事情。

问一下自己，你如何与终身学习者所做的五件事做比较。记住，这是对你自己的投资。如果你不对自己投资，谁会对你投资呢？我们应该热爱我们的工作。

变得有能力、有责任感和有信心

我提到你需要向你的参与者灌输能力、承诺和信心。你自己也需要展现这三个方面。查看一下你的行动。

- 你能胜任所有的培训设计和交付吗？你能够以确保提升参与者能力的方式交付内容吗？你的参与者相信你的能力吗？
- 你对参与者负责吗？你致力于成为所有培训课程的最好培训师吗？你激励参与者对自身承诺吗？你的参与者能够看出你是认真的吗？
- 你对自己的能力有信心吗？你向参与者灌输他们会成功的信心了吗？你能很容易地说服你的参与者学习用于提高他们绩效的能力吗？

美国迪尔公司（中国）区域领导力发展经理帕梅拉·吴认为，培训师的个人发展是至关重要的。检查你的能力、你的承诺和你的信心。如果你

能够非常肯定地回答上面所有的问题，你就已经走上了成功的道路。

本章提示：提高你的能力

你对你的公司或客户都具有重要作用。评估你的能力和知识并进行投资。考虑下面的建议来提高你的能力。

- 确定与管理者和主管建立伙伴关系所需的能力。
- 列出所有你想学习的东西，包括工作和生活上的。
- 参加虚拟学习活动。我们有数以百计的虚拟学习活动可供选择：包括需要支付费用的及免费的。尝试一种。你可能会学到能为下一位客户服务的知识或技能。
- 创建你的职业发展计划。它应该包括短期目标、长期目标、具体的时间表和能够支持你的资源。
- 从 ATD 获得你的认证（CPLP）。
- 加入一个专业组织。我首先想到的是 ATD 上海，其他与你的工作有关的专业组织也可以加入。
- 参加 ATD 一年一度的国际会议和展览会。每个培训师在其职业生涯中都应该经历一次。你会学到很多，也可以见到很多人，这会帮助你打造一个有价值的培训专家网络。
- 与你的组织内部和外部的其他培训师联系。当你有问题时，给他们打电话。
- 阅读。通过阅读了解最新的东西。通过阅读学习新技术。通过阅读发现新想法。阅读商业和培训书籍、技术和专业期刊，并浏览博客和网站。
- 观察别人开展的培训，学习新技术。
- 找到一个导师——今天。
- 与合作伙伴一起培训并彼此提供反馈。

- 向其他培训师提供具体活动的演示，寻求反馈。
- 报名参加培训师培训课程，获得有关培训风格的反馈。
- 关注客户（参与者）对你的评价，对培训进行适当修改。
- 意识到客户需求的变化。对材料和培训课程进行修订。
- 实践你从来没有尝试过的活动，可以是来自提雅吉或梅尔·西尔伯曼的书中的活动，或者其他可用的活动。
- 学会进行真正的体验式学习活动。
- 注册每月或每周时事通讯。其中我喜欢的两个是曾格·福克曼和 CCL 的通讯。它们通常会提供能够让我进步的至少一个想法。

本章奖励活动
反馈公式

概述

这项培训活动提出了一个让人容易记忆的反馈公式。

参与者

通常是一名；可与你正在培训或激励的单个参与者一起使用。

流程

对培训师来说，给予反馈对参与者的成长和发展是至关重要的。给予积极和建设性的反馈：积极的反馈能够强化正确的行为，建设性的反馈可以用来改变需要改进的行为。

1. 在给予建设性的反馈时，检查准备情况。当你的参与者征求反馈意见时，最有效的结果会发生，但也不会总是发生。在给予反馈时，关注你希望参与者做得更多、更少或一样多的行为。

2. 选择合适的时间，使用如下类似的公式准备反馈信息：

- “当你……”（形容行为）
- “我变得……”（它如何影响你）
- 等待响应
- “如果你……”（指定变化，以及它将如何发挥作用）
- 你的想法是什么？”（倾听，并准备考虑备选方案）

变化

分享你的智慧和涉及这种情况的经验。

实例

我有一个担任主管的参与者。在几个星期内，我都注意到，每次谈到他的团队时，他都抱怨团队工作没有被及时完成，而且他得熬夜完成分配给别人的工作。我开启了与他的对话：“当谈论你的团队时，我听到你的抱怨——他们没有做好自己的工作，我非常担心你没有向他们提供反馈和指导。”这对他来说是一个具有启发性的时刻。

第 10 章

预见培训的未来

培训的未来是什么？当然，培训的未来会非常令人兴奋。中国处于VUCA 世界的中心，这增加了我们作为培训师的挑战。

但是，在讨论培训的未来之前，了解一些培训基础理论是非常重要的。不了解这些信息可能是一个巨大的失败。虽然我们通常知道怎样应用最佳实践，但我们不知道实践来自哪里，其背后的研究是什么，或者，最重要的是，为什么实践是必不可少的。

“不闻不若闻之，闻之不若见之，见之不若知之，知之不若行之；学至于行之而止矣。”（出自《荀子》第八篇《儒效篇》。——译者注）主动学习的哲学理念之一由此诞生。其他的中国哲学家也继承了荀子的思想，采用类似的方法，我们称为案例方法或案例研究。

在美国，人们给予孔子高度评价，他的很多论述构成了一名伟大的培训师行动的基础。部分箴言如下：

- “知之者不如好之者，好之者不如乐之者。”
- “生而知之者，上也；学而知之者，次也；困而学之，又其次也。”
- “射有似乎君子，失诸正鹄，反求诸其身。”
- “吾听吾忘，吾见吾记，吾做吾悟。”
- “知之为知之，不知为不知，是知也。”

如果我们践行孔子的思想，我们都会成为优秀的培训师。

本章将重点介绍一些历史事件和值得关注的研究、理论，它们丰富了今天的培训角色。本章也将帮助你了解这些历史事件如何与你的工作联系起来，以及如何使用这些知识改进你设计和交付的培训。

探索培训领域的研究和事件，有助于我们理解为什么在设计和交付培训时我们需要做一些事情。我曾经听人说过，“能从过去学习的人可以掌控未来”。有关培训历史的知识会帮助我们理解现在，以及如何在未来不断地进行改进。我们必须从过去中不断地学习，成为未来最好的培训师。对历史的忽视，有时意味着我们一遍又一遍地犯相同的错误。

培训行业的基础

我们倾向于从未来而不是过去的角度来描绘我们的日常活动。快节奏意味着我们几乎没有时间去思考未来的细微差别，当然也没有时间去思考过去过时的知识。下面提供了有关培训行业历史的一个非常简短的概述。

- 公元前 400 年：苏格拉底通过提问教授他的学生（辩证方法），他坚称自己什么都不知道，但他的方法让学生通过自身产生的理解来学习。你是否经常这么做？
- 公元前 365 年：苏格拉底的学生柏拉图在雅典附近创办了第一所

大学。

- 公元前 300 年：亚里士多德极力强调包括游戏、体育、音乐、辩论、科学和哲学在内的均衡发展。我们现在仍然认为这是正确的。
- 19 世纪 80 年代：克里斯托弗 · 兰代尔在哈佛大学法学院开发了案例方法。
- 1910 年：J. L. 莫雷诺博士在奥地利维也纳推出了角色扮演法，这种方法在 20 世纪 30 年代他移居美国后才变得比较流行。
- 1917 年：查尔斯 · 艾伦为他的模型开发了一个教学框架，他称为“展示、告诉、实践和检查”的工作指导方法。他建议：
  - 在工业领域让主管进行培训；
  - 培训的最佳小组规模是 9 ~ 11 人；
  - 在培训期间如果给予员工个人关注，会提升员工忠诚度。
- 1927—1932 年：美国西电股份有限公司进行的由埃尔顿 · 梅奥（哈佛大学）带领的霍桑（Hawthorn）研究表明，参加研究的个人的行为可能发生改变，因为他们知道自己正在被研究。在你收集数据时，记住霍桑研究的结果。
- 1932 年：伦西斯 · 李克特提出了李克特量表，提供了一系列从“强烈反对”到“非常同意”的调查结果。
- 20 世纪 40 年代：被认为是 20 世纪领先的进步教育家的约翰 · 杜威，强调教学中的实践性想法和“动手”学习，反对专制的做法。
- 20 世纪 40 年代：今天的绩效辅助工具开始于一张打印的卡片，上面标注了用于执行特定任务的步骤指令。员工不需要记住各个步骤。这种替代是提高工作绩效的案例之一。
- 1942 年：美国培训与发展协会（现为人才发展协会）成立。
- 1943 年：亚伯拉罕 · 马斯洛提出了“人类动机理论”。这种动机模式，或今天我们所知的“马斯洛的需求层次”认为较高的需求，如自我实现，只有在较低的需求得到满足后才能实现。
- 1946 年：库尔特 · 勒温在麻省理工学院建立了群体动力学研究中心。他被称为组织发展之父，因为他在改变理论、行为研究、行为学习、力场分析工具、组织动力学等方面做出了巨大贡献。今天的体验式学习也根源于他的学习周期理论（行动、反思、推广和测试）。

- 20 世纪 50 年代：欧洲的教育家开始使用“成人教育学”这个术语，这个术语来自希腊语“anere”（成人）和“agogus”（帮助人们学习的艺术和科学）这两个词。
- 20 世纪 50 年代：美国军方开发了教学系统设计，一种整合开发和交付培训各部分的系统方法。
- 1956 年：本杰明·布鲁姆发表了《教育目标的分类学》，确定了三个学习领域：认知（知识）、动作（技能）和情感（态度）。这是我们今天所知的 KSAs 的起源。
- 1959 年：唐·柯克帕特里克将衡量引入培训要求中，提出评估培训的四级模型：反应、学习、行为和结果。
- 1959 年：弗雷德里克·赫茨伯格开发了一系列影响员工满意度的因素清单。虽然它们与马斯洛的需求层次理论类似，但它们与工作更密切相关。在将动机因素（满意因素），如认可、晋升、工作挑战，用于激励员工之前，保健因素（不满意因素），如工资、工作保障、工作条件和监督，必须先出现。
- 1962 年：罗伯特·格拉泽引入了教学设计的概念，主张个性化教学，参与者的测试成绩可以被用来规划个人培训。格拉泽也被认为是第一个使用术语“标准参照测验”的人。
- 1962 年：罗伯特·梅格出版了《准备教学目标》一书，进一步解释了标准参照测验的概念。目标从可衡量的角度描述了谁在什么条件下会做什么，以及会取得多大程度的成功。
- 1965 年：罗伯特·加涅在《学习条件与教学理论》一书中总结了他的九个教学活动，确定了学习发生所需的条件。我们现在仍旧依赖这些条件（参见第 2 章）。
- 1973 年：被称为“成人学习理论之父”的马尔科姆·诺尔斯出版了《成人学员：一个被忽视的群体》一书，成人教育学的概念开始流行，书中涉及一系列关于成人学员的假设。

- 1975 年：佛罗里达州立大学开发了 ADDIE 模型（分析、设计、开发、实施和评估）。
- 1984 年：大卫·库伯在《体验式学习：经验作为学习与发展的来源》一书中提出了体验式学习的四个步骤：看、思考、感受和做。
- 20 世纪 90 年代：PLATO（柏拉图），第一个基于计算机培训（Computer Based Training，CBT）的系统在 1959 年建立。然而，直到 20 世纪 90 年代，CBT 仅仅作为编程的教学方法。

此列表并没有包括有关培训的所有历史，但它表明为了保证培训的成功，我们已经走过了很长的路。需要注意的有趣的一点是，从文明早期直至今日的历史事件，有多少影响了培训师每天所做的工作。同样重要的是，我们不仅需要在培训中应用最佳实践，也需要了解实践的相关性。

利用历史建构成功的培训

以上简化的培训历史列表展示了培训活动、理论、模型和研究是如何基于彼此建立并发展成为我们今天所了解的培训的。中航国际商学院的执行董事李征认为，理论对于每个培训师都至关重要。我同意这点，因为事实上，十年前的有些做法在今天成功的培训中仍然是非常有价值的。例如：

- 柯克帕特里克的四级评估模型仍然是培训衡量的基础，尽管它已经被其创造者“倒了过来”，认为应该先从第 4 级开始。
- 查尔斯·艾伦 1917 年的研究表明，主管应该进行培训——这是今天的培训师关键的任务挑战之一。
- 20 世纪 40 年代，约翰·杜威鼓励使用实践性想法和动手学习的“体验式”培训。
- 布鲁姆、格拉泽和梅格的著作仍然能够指导我们如何撰写学习目标。
- 1956 年，布鲁姆的分类法说明目标必须与期望的绩效匹配。

- 加涅的九个教学活动在世界各地的课堂上和电子学习活动中得到实践。
- 即使正在设计慕课，我们仍然需要依赖诺尔斯有关成人学员的假设。
- 库伯的体验式学习研究是模拟和行动学习的潜在规则。
- 马斯洛的需求层次理论构成了我们在这个变化的时代讨论的“人性”的基础，也是参与实践的基础。

这些都是常见的例子。当你把这些历史事件及其意义与你正在从事的工作结合起来时，历史事件的显著作用将真正呈现出来。当你知道如何利用历史事件来提高培训成功的概率时，历史事件的作用将变得更加强大。

未来的工作场所

快速的技术变革、更加激烈的竞争、劳动力数量的不断变化、日益加剧的全球化、更高的客户期望、更高的员工期望、不断增长的变化率——这些都代表了组织今天所面临的难以置信的压力。这些压力中的每一个都需要引起培训与发展专业人士的关注。哪里有新的挑战，哪里就需要新的知识和技能。这就是我们的职责。让我们来看一下其中一些挑战和发展趋势，这些正在影响现在和不久的未来的培训行业。

世界连接更加紧密。这对于很多方面都是有利的。然而，不利的一面是，我们可能一天 24 小时都被需要。人力资源部门没有一个综合系统能够处理所有领域的工作并集中关键数据、过程，这就使得充分集中数据并做出决定变得非常困难。

跳槽是持续的。员工一直在寻找新的就业岗位和机会。人们对自己的工作不满意，所以他们不断寻找新工作。48%的千禧一代（出生于 20 世纪 80—90 年代）声称，他们边工作边求职。随着互联网的发展，人们在未来将变得更加不安分。世界各地的优秀员工，特别是在亚洲的大型城市，可

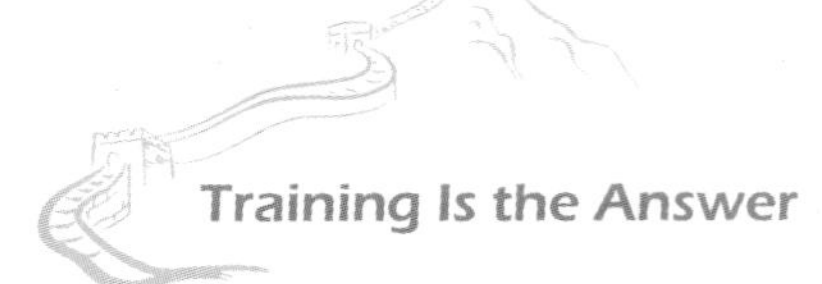

能每 9 ~ 12 个月就换一份工作。为了提高员工满意度，培训与发展能够做什么呢？

自由职业是一种生活方式。到 2020 年，自由职业者的数量会比全职员工多。雇主通过雇用自由职业者省钱，因为他们不需要支付福利费，他们可以聘请能够完成特殊项目的专家。未来一两年内，“临时工”可能会增加，而非全职员工。你的部门如何决定对于临时劳动力来说学习什么是重要的（如果有的话）？

当前急需劳动力。这与自由职业趋势有关，并在一定程度上推动了自由职业趋势。公司正通过多渠道来雇用劳动力，包括小时工、劳务派遣工和合同工。公司将拥有更少的我们现在所定义的“员工”。

人口正在发生变化。这不是新趋势，但婴儿潮一代即将退休，由此会带来劳动力人口统计的重大变化。其中，组织面临的最大问题是继任计划。组织还没有准备好由谁接替退休的领导者。同时，新的机会将为年轻一代创造。人口统计学将在两方面对培训师造成影响：一个毫无准备的年轻劳动力需要你来开发，以便完成工作；世界人口的老龄化将给组织和社会制度带来巨大压力。

办公室隔间将成为过去。员工将在各处工作。工作将成为你需要做的一件事情，而不是你需要去的一个地方，越来越多的人将在家里远程办公或通过卫星定位远程办公。培训师将如何帮助员工在一个日益动态、虚拟的工作环境中管理自己和工作？组织如何维持高水平的生产力和员工敬业度？员工分散在多个地区和国家，糟糕的交通让人们产生了强烈的在家办公的愿望。对于培训师，这些变化意味什么？

- 更多的办事处将作为临时锚点，服务于员工互动，但不一定成为日常目的地。
- 随着公司试图更加有效地管理资金成本，独立的共同工作空间和多项目空间将蓬勃发展。

- 在线视频将促进与其他地区同事的情境社交。你准备好为分散在不同位置的员工提供培训了吗？

弹性工作制将激励未来的员工。对于组织和个人来说，工作与生活一直无法达到真正的平衡。“工作与生活的平衡”未来将被“工作与生活的交融”替代。在招聘中比金钱更重要的是“高度的灵活性”。组织将开始提供调休时间、频繁休假和只看结果的工作环境。你将扮演什么角色？

信誉对所有人都非常关键。信誉对组织和专业人士都很重要。员工希望在一个具有良好信誉的组织工作。组织也希望聘请拥有良好绩效记录的候选人。当候选人决定去哪里上班时，组织的信誉会被看作一个重要的判断标准。75%的求职者会因为好的公司品牌而接受较低的工资。你如何确保你的公司拥有良好的信誉？

分析将提高效率。德勤 2014 年标题为“人才分析”的人才报告指出，78%的大型公司将人才分析列为最紧迫的发展趋势之一，但 45%的公司称它们还没有准备好。高德纳咨询公司认为，分析将成为许多公司的主要聚焦点。你准备好就分析如何影响培训与发展加快速度了吗？

机器人将拥有真正的工作。人工智能将占领整个就业市场，可能消灭高达 50%的就业机会。这种情况已经在办公室发生。积极的一面是它能够将人们解放出来，进行更有趣和更具创造性的工作。对于帮助员工与机器人一起工作，你将扮演什么角色？

创新是推动者。技术促使企业在保持领先地位，以及与竞争对手在研究和开发方面合作拥有巨大的需求。中国的企业将创新作为业务增长的驱动力。它们想要营造创新文化。你能培训你的员工使其更有创造力吗？

领导力发展仍远远落后。领导力状态实际上是越来越差，而不是更好。组织可能已经开始意识到培训师可以做的事情。你准备好尽快地帮助千禧一代践行领导角色了吗？

工作需要简化。信息大爆炸充斥着员工的生活。平板、智能手机和其他设备束缚着他们昼夜不停地工作。一个普通人每周工作中花费在电子邮件上的时间达 13 小时。这样来计算，每年就是 3 个月。信息超载的真正负面影响是，员工没有足够的时间来解决问题或思考。65%的高管认为“员工不堪重负”是一个迫切需要解决的问题，但 44%的企业还没做好解决这一问题的准备。你准备如何让你的领导者来解决这个问题呢？

如果你戴着“批判性思维”的帽子，你就可以很容易地看到你的工作对组织的成功至关重要。这些趋势中的每一个都会直接影响你的工作，或要求提供支持，或要求找到解决方案。

2025 年以后。如果你想要看到更远的未来，下面是一些需要考虑的趋势。

- 员工处于转型的风口浪尖。员工态度和期望的灵活性将影响其在哪里工作，什么时候工作，以及如何工作。
- 动态和敏捷将成为常态，并且就业模式看起来更像雇用承包。
- 工作的地点将有很大不同。办公室将作为员工互动的临时地点，而不是每天上班的目的地。
- 智能系统将脱颖而出，并且与人合作，改变工作的性质，促使工作内容和工作流程的重塑。
- 超级计算机将小到人们几乎看不见并嵌入你周围的环境中。
- 云计算将加快创新的步伐。

这些趋势将导致劳动力和工作场所的重组。显然，我们的职业与这些发展趋势紧密相连。即便如此，我们也要深入考察并聚焦几个趋势——学习、开发、培训、人才。

扩展培训预期的趋势

工作在改变，培训师的角色也进一步扩展。角色的转变为我们如何称呼自己以及如何定义自己提出了挑战。甚至我们的行业协会也改了名字，由原来的美国培训与发展协会（ASTD）改为人才发展协会（ATD）。

是的，对我们可以做的事情的预期还在增加。有效的培训可以为帮助组织克服其所面临的挑战和压力提供坚实的基础，但组织需要的还更多。我们被要求承担更多的责任，并寻找方法来缓解组织所面临的压力。我们是组织架构的一部分。我们与组织的每个部门进行接触，我们的角色和职责不断扩展。中石化管理学院院长周志明认为了解培训与发展的趋势和新技术对于组织至关重要。

学习和发展支出不断增加

学习和发展支出在过去三年内连续增加。支出增加意味着更大的预算，也意味着更多的工作。准备好继续更精简、更努力、更快捷地工作吧。学习和发展支出虽然增加，但它与组织收入的增长并不匹配，这表明组织投入并未获得相应收益。“少花钱、多办事”的呼吁并不是什么新鲜事。作为培训师，我们要根据组织面临的挑战做出调整。我们了解这个商业现实，几乎每个组织都在发出这样的呼吁，我们需要将其视为一个永久的商业现实。

设法继续为组织日益增长的需求提供服务，有时候这会令人望而生畏。你可能不会说“我如何交付这 12 个项目”，而会说“这 12 个项目中的哪些应该被交付”。这有什么寓意？显然，你会变得非常忙。舍掉所有浪费和重复的花费，然后聚焦组织真正需要的东西。

找到并留住人才至关重要

今天，65%的跨国公司在寻找其需要的员工方面都有问题。此外，中国一些城市劳动力市场竞争极其激烈，绩效优异的员工每 9～12 个月就会换一次工作。专业化的独特人才对于组织成功更为重要，然而也更难寻找。如何吸引这些人加入你的组织并留住他们？在你说“那不是我的工作”之前，思考一下，培训师是否应该了解如何吸引人才、如何吸引参与者参与、如何聘用员工、如何提供积极的学习体验？为了给人才留下良好的“第一印象”，组织应首先提供一个好的就职计划。其次是员工培训与发展。这是你的工作吗？是。一旦员工入职，你的接管角色就将开始。然而，你的这部分工作也将改变。技术变革的步伐每年都在加快，这为受过高等教育的人创造了更多的需求。想象一下，未来的一些东西，如电动汽车、新能源、网络安全法规、移动计算应用程序等所需的技能。极少有组织拥有这样的“能力”——技能和知识。你的任务是找到方法，以便培养和发展面向未来的人才。

持续学习占领市场

让学习持续下去。大多数人学会做自己的工作是通过非正式学习，即非官方、即兴、未计划的方式，这占所有学习的 70%～80%。每个人都在工作中学习。无论你是自己动手，接受上级任务，还是从经验中学习，进行网络搜索，询问同事，或者加入一个行业协会，你拥有的或鼓励参与者体验的每一种经历，都会对组织和个人有益。作为一名培训师，你可以创建一种支持性的和有利于学习的环境。你也应该负责帮助组织构建一种支持非正式学习的组织文化。下面是一些你可以使用的工具。

- 在正式和非正式的方案中提供指导机会，支持持续学习。新型的指导关系不断涌现，包括反向辅导、团体辅导和同行指导。
- 鼓励游戏化，在非游戏环境中应用游戏扮演元素，如在工作场所中。随着组织想办法吸引员工、评估技能和吸引人才，游戏化将被广泛应用。组织正在将游戏化从一种策略转换为一种战略，如用它来发现潜在的业务问题。

- 帮助管理者成为更好的教练。
- 帮助组织打造慕课战略，使员工拥有可以利用的知识。
- 在员工需要的时候和需要的地方向他们提供绩效支持工具。

你可以帮助组织定义“非正式学习”策略，这意味着找到辅导、指导、分配、轮岗和培训干预的正确组合，以满足今天和未来的工作要求。

体验式学习被强调

体验式学习又卷土重来。我们大多数人都知道，体验式学习是有效的，但我们的组织很少能够从这种学习中充分受益。在上海设有办事处的创新领导力中心（CCL）的研究表明，希望增加潜在组织领导者数量的公司，可以通过帮助员工从经验中学习来增加其对发展的影响。体验式学习可以发生在教室内外。你最大的挑战之一就是在给予员工于教室之外的体验式学习机会时，要确保让他的主管参与。培训管理者也是你的一个重要角色。我刚刚出版了一本 ATD 著作《新主管培训》，其目的是用来帮助培训师培训新主管。如果你负责培训新主管，该书强调了用来培训新主管的关键技能。

技术比以往更加重要

学习的未来已经来临。实体墙已不能再用来定义教室了。学习可以随时随处发生。学习在我们手中，在我们的智能手机中。今后，参与者不会来教室，教室会去参与者那里，不受时间和地点的限制。我们都将拥有我们亲手策划的教育世界，其中的课程也在每时每刻发生变化。移动评估、小屏幕设备（如智能手机、平板电脑）上的测试也越来越普遍。随着组织学习利用技术来评估潜在和现有员工的技能，评估将成为日常对话的一部分。我们需要设计有效的和能够可靠衡量的评估，不论评估通过何种方式、在哪里、何时交付。“自带设备”的趋势鼓励你与 IT 部门合作，以解决平台合作瓶颈。未来，上亿种穿戴式智能设备的冲击将使学习和发展发生巨大变化。最近的一项调查询问被访者穿戴式设备是否会利于工作。结果显示，来自美国的积极回应为 48%；世界范围为 73%，中国为 94%。相比世界其他国家的被访者，中国的被访者似乎对穿戴式智能设备更感兴趣。穿戴式智能设备会有什么帮助？ SIGMO 是一种语言翻译设备，可以夹在你的衬衫里，能够翻译 25 种语言。想象一下，这种设备在我们的全球化环境中将会多么有用。

少即多

基于大脑的研究显示，我们所呈现内容的价值其实位于大脑的少数模块中。作为培训师，我们一直被挑战提出“必须知道”而不是“最好知道”的内容。如今这一点更为关键。参与者每天都被大量的信息包围，我们有责任在参与者需要知道某些信息时即时识别有用的信息，避免员工信息负载。移动学习、社交媒体、工作辅助、视频、指导、辅导、QR 码、播客、learnlets 是提供即时信息的方式，告诉参与者他们需要做什么，什么时候做，以及在什么地方做。你的挑战是确定参与者需要了解的最少信息，并且以合适的量提供给他们。

高层领导者很关键

在这个瞬息万变的世界，你的组织需要你的支持。你将与高层领导者直接接触，所以你需要学会高层领导者的语言。组织需要的不仅仅是培训更多的“合作伙伴”，他们希望首席学习官（或首席人才官）带路。

为了提供这种支持，你需要提高业务敏锐度，设计围绕业务驱动的人才系统，而非面面俱到的人才。你将从事以下活动。

- **促进变革**。你拥有成功所需的那些技能：有效沟通、理解动机、尊重团队价值、制定目标，以及实施计划。你明白活跃和高参与度的重要性。

- **辅导经理**。这将是你在组织各个层面上扮演的角色。
- **培训领导者**。我们必须得到这个权利！不只是高层领导者，而是所有领导者。我们需要教会他们思考。全球超过 60%的公司将“领导力差距”作为他们的首要业务挑战。我们必须培训千禧一代来领导，而且我们现在就需要做到这一点。
- **践行内部咨询**。你被要求协助高级别会议、策划变革、制定战略、开发生产力策略、探索人才缺口计划等。
- **建立团队**。人类几乎所有的工作都是在团队中完成的。团队极少一开始就很强大，它们通常在学习中成为最强大的。这也是你能够做的，帮助组织中的团队学习变得更好。

加强全球—本地人才的培养

我在第 1 章中提到了这一点。加强全球—本地人才的培养对中国而言比以往任何时候都重要。对未来组织领导者的需要也更加强烈。超过 60%的公司将领导力差距作为他们的首要业务挑战。我们不是简单地为公司快速地培训员工。亚洲和其他快速发展的经济体面临的挑战更加严峻。例如，在中国的一些城市，劳动力市场竞争非常激烈，优秀员工每 9～12 个月就跳槽一次。多种多样的招聘途径使得寻找新的工作机会出乎意料地容易。培训行业的范围已经覆盖了招聘人才、定向开发人才、发展人才、吸引人才，以及确保组织正在做正确的事情来留住人才。你所拥有的广泛技能、知识和经验对组织是非常宝贵的。

还有其他趋势吗？是的，当然还有很多，如大数据、移动学习、神经科学和学习、个人学习环境、虚拟团队等。许多事情都将影响你的角色扩展。那么，你未来的角色是什么？培训与发展角色可能发生什么样的变化？

未来的培训与发展部门

培训已经发生了改变。它的走向是怎样的？让我们先从培训部门开始。

培训部门的变化

在 20 世纪，大部分的培训部门都属于人力资源部。随后，培训部门被独立出来，置于首席学习官（Chief Learning Officer，CLO）之下，以确保我们在会议桌边有一席之地，并确保我们的技能被认为能够帮助组织实现其目标（我把这点简化了）。

然而，对人才系统的关注产生了整合人力资源任务和学习的实际需要，现在培训部门由首席人才官（Chief Talent Officer，CTO）领导。我工作的组织正在考虑整合学习和其他人力资源职能部门，将其合并为一个部门——人才管理部。

重要的是，组织不只是希望他们的领军人才成为“合作伙伴”，并且在会议桌边有个席位。他们希望首席人才官带路。我认为我们正在走向的未来需要更多首席人才官，较少首席学习官。首席人才官需要提高业务敏锐度，设计围绕业务驱动的人才系统。他们需要创建人才洞察力。他们需要提高技术水平并成为信息技术服务的主要用户，在信息技术方面投入更多的资金。他们需要成为人才先知，使用和理解数据，在不久的将来做出人才决策和预测。

所以，稍停片刻，想想我们看到的趋势。这对于你的部门和你的部门领导意味着什么？让我们想象一下你即将成为一名首席人才官。我们对首席人才官有什么要求？下面提供了一些想法。

- **创新的开拓者**。所有组织都需要变得更加创新。创新应该由谁发起呢？首席人才官是组织中人脉最广的人，他们比一般的沟通者要好

（大概是因为过去的经验）。培训行业相比大多数行业更鼓励有创造力的思想家。信息技术部门、销售部门或研发部门可能拥有新颖的想法，首席人才官是最理想的践行者。此外，他们也清楚如何鼓励和奖励组织中有创新思维的人。

- **学习策略家。**这个要求结合了两种趋势：能力发展和持续学习。未来的首席人才官需要拥有利用学习策略支持公司战略的能力。员工需要知道什么？组织通过怎样的交付方法可以帮助员工做好准备？我们应该拥抱哪些趋势？什么理念将引导我们？了解公司是否需要扩展或利用非正式学习、移动学习或游戏化学习是很容易的决策。预测正确的趋势，如小型化、模块化、社会化学习、大规模定制或数据可能支持的其他决策。可能更加困难的是决定发展谁的学习理念，以什么样的速度发展。发展是一种特权、奖励，还是权力？我们赋予学习什么样的价值？在员工发展方面我们应该投入多少资金？我们如何解读学习获得了成功？
- **组织领导者的催化剂**。我认为首席人才官将拥有更多的权力、责任并将获得更多的尊重，因为首席人才官是企业各种战略之间的纽带，是实施战略所需要的人。即使首席人才官不负责管理整个组织，他也要确保每个人都应知道所有一切是如何运转的。首席人才官是管理这些的最佳人选。这个角色也会使他们成为组织成功的关键、变化的关键。

这些只是许多要求中的三种可能。最重要的是，这是一项无所不包的工作。这个不断变化的世界需要最优秀的人才通才——能够理解人才管理系统的人。

通才的职业

我们的专业人士已经成为通才。我们的工作也在发生改变。我们每个人都需要成为拥有深厚专业知识的通才。你们当中已经从 ATD 获得 CPLP 认证的人（顺便祝贺你）知道我所指的是什么。CPLP 认证考试涵盖的范围非常广泛。要通过考试，你需要了解很多东西。但你的工作要求你专注一个领域（如设计），并证明你知道有关这个领域的一切。

这是我们所有人努力的方向。我们无法知道所有一切，但我们需要知道足够多以找出我们不知道的方面，并且找到谁知道这些方面。

组织人才的领导者将拥有更广泛的工作。我们见证了培训部门从人力资源部门独立出来，现在我预测人力资源部门和培训部门将再次合作，更好地发挥“人才”组织者的作用。

- 招聘优秀员工；
- 创建支持性的文化；
- 发展员工、领导者和团队；
- 保持高绩效；
- 让员工有尊严地从工作中解放和退休。

首席人才官将承担更大范围的责任。

未来的工作重点

最后，让我们考虑一下，如何提前为未来做好准备。这会把你置于何处？你该怎么做？在此处所有一切将结合在一起。

你的挑战是了解你的领导者和组织所面临的困境，并准备提供他们所需要的一切。需要哪些内容（技能、知识和态度）来支持这个不确定和不断变化的世界？需要什么潜在的新角色来支持组织？

内容

中国的一切都在迅速发生变化。上海改进管理咨询有限公司联合创始人顾立民说：“中国正在迅速发生变化，但一些培训师还是坚持原来的‘师傅’或‘大师’定义”。这个定义并不适合本章前面定义的 VUCA 世界。组织领导者已经认识到，他们正处在一个不稳定的、不断变化的世界中。当你看到组织陷入困境时，部分原因是变化的速度太快。过去的行为方式和这个世界的走向之间的紧张持续存在。企业中混沌的“新常态”是真实的。

我们这些处于人力资源、学习和发展、人才管理领域的人，必须通过发展员工来帮助组织在当今动荡的商业环境中取得成功。我们必须：

- 重新聚焦发展，磨炼更具战略性、更复杂的批判性思维技能；
- 重新组织发展活动，以适应这个快节奏的世界；
- 更多关注复杂的思考技能和心态，而非行为能力；
- 强调学习灵活性、自我意识、适应不确定性，以及批判性和战略性思维。

稍停片刻，想一下：在一个动荡的、不确定的、不断变化的世界工作需要什么？当然是技术和与工作有关的技能。但是，要想成功需要什么？你的员工和未来的员工需要做什么和发展什么才能成功？工作要求和能力之外还需要什么？

《领导者成就未来》（*Leaders Make the Future*）的作者鲍勃·约翰森（Bob Johansen）分享了能够应对动荡、不确定、复杂、模糊的世界的技能：

- 动荡需要远见；
- 不确定需要更多了解；
- 复杂需要更多清晰度；
- 模糊需要灵活性。

所以，想象一下，你的 CEO 来找你，说员工需要更多远见、了解、清晰度和灵活性。你会说什么？我在每个领域都确定了一系列技能，我认为这些可以为我们提供一些有意义的主题。它们不能包括所有的内容，它们之间也存在着一些交叉。

动荡需要远见，所以你的员工需要拥有什么技能？

- 战略性思维；
- 解决问题；
- 诚信和道德；
- 预测分析；
- 情景规划；
- 自我意识。

不确定需要更多了解，所以你的员工需要拥有什么技能？

- 韧性；
- 变革管理；
- 同理心和接受；
- 乐观和压力管理；
- 网络思维；
- 学会学习。

复杂需要更多清晰度，所以你的员工需要拥有什么技能？

- 批判性思维；
- 团队工作；
- 设置优先级；
- 指导、培训与发展人才；
- 管理；
- 沟通；
- 跨界。

模糊需要灵活性，所以你的员工需要拥有什么技能？

- 变革管理；
- 行动导向；
- 促进创新和创造；
- 技术的灵活性；
- 时间管理；
- 协作。

以上这些也需要完整、简洁和及时的沟通，以及良好关系的建立。

所以，这可能成为我们需要提供的培训“主题”清单——无论是实体课堂、在线课堂、书籍、非正式讨论、社交网络、应用程序、慕课，还是网络直播、职业介绍展示、大学课程。通过何种方式或在哪里并不重要，重要的是利用从历史中学到的经验为未来提供内容。

新角色

你做好准备了吗？想一想你自己的发展，以及为保持领先地位你需要做什么。下面的角色是我们的职业在未来甚至一年内的发展方向。有些只是有趣的称呼，但每个角色将很快变得必要。所以，坐下来，放松，并为自己选择一个新角色。

- **人才系统优化师**。组织将在首席人才官的带领下，继续整合发展职能和人力资源职能。你需要“系统”思考。从通才的角度来看，你需要学习足够多的关于人力资源流程的知识，以帮助组织实践新的做法。所有流程将被融入一个整合的人才系统。记住，首席学习官（即将成为首席人才官）被期待促成这些努力，并呼吁大家支持他们。了解如何保证员工的参与，如何抓住他们的心和大脑，以及如何留住那些能够创造、创新和推动组织向前迈进的人才，对于跨国公司在中国雇用、发展和保留本地员工非常关键。
- **创新实施者**。中国企业知道它们更需要创新精神。首席人才官需要提供支持，来实施、交付技能，共享知识和影响态度。学习与发展部门和组织的各个部门相连，我们也拥有高于平均水平的沟通能力。相比于大多数行业，我们的行业鼓励有创造力的思想家。别人可能会提出想法，但实施由我们负责。

- **企业教练**。你可能已经承担了教练的角色，或者你可能称自己为内部顾问。无论你的头衔是什么，你的技能都是必要的。教练经理及发展其员工将具有新的重要性。
- **企业内容策展者**。中国和世界各地的员工都被大量的信息和内容包围。有人需要对未来有所了解，以确定员工“必须拥有”及“最好拥有”的技能。几十年来，培训师一直面临着这个问题。信息到达如此迅速，并且数量如此巨大，以至于决策领域的某些人必须起到穿针引线的作用，连接组织领导者和员工队伍，以便做出决策。
- **参与规划师。**你需要拥有精通培养敬业和明智的员工队伍的技能，当参与人才管理工作时，你需要确保每个人都理解培训并不是一切问题的答案。参与规划师的角色需要拥有一定的技能，例如：
  — 沟通（为什么员工变得投入）；
  — 创造力（怎么做才能保持我们的高绩效）；
  — 关注细节（我们如何保证每个人都得到发展，既满足他们自己的需要，又对公司有价值）；
  — 组织（我们如何跟踪人才，以确保合适的人在合适的时间为合适的工作做好准备）；
  — 足智多谋（我们如何创造晋升机会）。
- **机遇乐天派**。在未来，我们所有人都需要能够觉察到组织和部门面临的不确定和不断变化的问题，辨别意义，并为别人可能无法理解的未来做计划。选择和发展员工，为未来做好准备，能够看到问题并将其变成机遇。
- **数据分析师。**有些人需要确保进入系统的数据是准确的；整合数据以便用来分析；创建复杂的分析模型，如帮助预测客户或他人的未来行动并将模型转化为结果。
- **慕课大师**。目前慕课提供的大部分课程都是学术性的，但越来越多的商业案例也变得可用。合作伙伴、平台、成本等方面的很多问题依然存在。多数组织依然对免费在线课程的价值持怀疑态度。慕课提供商正在开发有效的认证，许多组织正在尝试使用慕课培训和发展员工。

本章提示：思考未来的学习

学习的未来已经来临。学习不再受地域和时间的限制。创新领导力中心的“持久性课堂”概念体现了围绕在我们周围的未来学习，通过智能手机你可以在任何地方、任何时候，以有意义的任何方式不断学习。就职于创新领导力中心圣地亚哥办公室的大卫·鲍威尔，总结了关于未来学习的观点。

- **把你的 GPS 坐标作为教室。**在未来，教室将不再是一个“地方”，而是一个共同居住的虚拟空间。它不会受到日期或特定物理空间的限制。学习将是同步和异步、本地和远程相结合的，每个参与者都可以通过多个数字门户参与。参与者不会来教室；教室会走向他们。
- **虚拟学习空间和数字走廊**。模拟和数字或真实和虚拟学习空间之间的区别将不复存在。所有的学习都将在“增强的现实”范式内发生，参与者在与世界互动时，将接收有关人、物、地点的持续数据流。
- **存在的重要性**。智能手机将屈服于个人平视显示器，这将促进“芯片”人的产生。我们可以选择植入一个芯片，这样我们就可以即时访问知识，培训与发展专业人士也能确切地知道我们需要什么。人们可以被即时定位，知识的获取也将即时出现。
- **数字读写能力**。要想成功，未来的培训师需要具备数字读写能力，发展数字身份，成为新兴的快速连接模式的参与者。
- **快速连接和不断学习**。未来的学习空间将会“永远在线”。无论地理位置在哪里，每个人都将被连接起来。我们将一起学习，但在地理位置上是分离的。

- **对不可见标志的敏感度**。这意味着学习将成为对标志和事件变得敏感的过程，包括如何受到他人影响以及如何影响他人。要在未来取得成功，培训师必须重新调整自己的感官，创建与世界固有的、无法看到或听到的标志相连接的意义。
- **众包知识**。在未来，教师/培训师将只是知识的来源之一。当参与者聚集于快速连接的学习空间时，专业知识持有者（以及他们所知道的）既是学生，也是老师，并且只需一次单击即可。
- **零食不是正餐**。当设计课程时，将内容分解成一系列“一口之量”的片段。传统的基于地理位置的教学设计需要重新进行想象，考虑无墙的学习空间，其中参与者进入内容流，或者从内容中流出来。
- **游戏化**。结合游戏机制和游戏设计技术来吸引和激励人们实现他们的学习目标，这将是教学设计的新标准。
- **策划教育世界并为参与者和培训师创造平等的机会**。人们将聚集于亲自创建的教育世界里，参与者每时每刻都在对课程进行设计。教学设计人员和培训师将努力创建一个世界，在这个世界中参与者与培训师拥有平等的机会。

本章奖励活动

将你的问题装入袋子中

概述

这项活动将帮助参与者抛开今天的问题，这样他们就能够完全专注于培训课程，并在未来做得更好。

参与者

任何数量的参与者。

流程

1．为每位参与者提供一张索引卡片。参与者参加培训时通常会带着一个很大的问题，甚至相当困难的问题，这可能阻碍他们充分参与。请参与者用几分钟在索引卡片上写上他们现在面临的任何问题或障碍。向他们保证没有人会看到他们的问题，他们也不需要向小组的其他成员透露自己的问题。给出至少 4～5 分钟，让他们安静地书写。现在还不要提到袋子。

2．当所有参与者都写完后，说明你希望他们能够把这些问题放到袋子中直到培训结束，让他们放松并且享受课程，吸收尽可能多的知识和尽可能多的技能。

3．为每个参与者准备一个袋子。告诉他们把他们的问题放到袋子中，这样可以使参与者专注于培训课程。

变化

如果合适，参与者可以配对，和对方分享他们的担忧。

实例

我使用这项活动启动过多个培训课程，特别是当我认为太多的工作可能让参与者分心时。这项活动会提醒参与者如果他们要学习在未来如何变得更睿智、技术更熟练，他们需要全身心投入课程。

第 11 章

支持特殊的培训情况

但是，如果培训师不是你的职业呢？你是一名电气工程师、一名牙医、一名销售经理、一名软件开发人员、一位化学家、一名会计师，或从事其他职业。不管你做什么，你都做得很好。现在，不管是什么原因，我们希望你在你所选择的领域培训他人。也许你会对此感到兴奋，也许你不情愿。在某些情况下，你可能有时间做准备；在其他情况下，时间非常有限，你需要很快进行培训，比你预期的要快得多。不管原因是什么以及时间规划如何，这章都是写给你的。

如果你有时间阅读本书，那就好好阅读吧。它为你的成功提供了宝贵的支持。如果你主要从事培训，打算不只阅读本章，但不是整本书，我建议你阅读第 1、6、7 章，以及第 2 章的成人学习部分。如果你也希望制订计划和进行媒体展示，一定要浏览第 3 章，并阅读第 5 章。

- 如果你是培训新手，我已经为你的早期成功提供了钥匙——你需要记住什么才能完成最初的几次培训交付。

- 如果你是一名兼职培训师，你需要在少数情况下传授自己的知识，我为你提供了节省时间的提示，而且会让你每次看起来都像一名专业人员。
- 如果你不愿意站在众人面前，我提供的建议会让这种体验更加舒适，并且会帮你消除紧张。
- 如果你被要求进行一次网络研讨会，而你之前只进行过课堂培训，我提供的建议将解决如何做好充分准备及如何保持参与者参与的问题。

也许你已经阅读完整本书。本章中的提示可以作为良好的练习和及时回顾的一个提醒。

培训师新手的提示

培训师是一种职业。其整个知识体系涵盖了为了做到最好你应该知道的东西。当然，你不可能一下子就学会一切，但本书无疑是一个好的开端。即便如此，它也并没有涵盖你需要知道的所有东西。所以，虽然在成为一名培训师之前，你不可能将所有你需要知道的东西都装入你的大脑中，但你可以记住几件事情，这些对你而言是最有帮助的。

知道所有一切都是关于参与者的。我能够给你的最重要的忠告是，不要把自己当成老师或培训师。我知道这在中国的许多地方仍旧是一种惯例。老师是非常值得人尊敬的。但是，这对你的成功毫无帮助。为什么？因为这个视角会让你专注于你做的事情。培训不是有关你做了什么。培训是要保证通过你创建和提供的学习经历，你的参与者变得有能力、有信心和有责任。不要把自己当成老师或培训师，将自己当成一个帮助别人学习的人。正如我在本书中所写的——强调学习，所有一切都是关于参与者的。

提前到达。至少提前一小时到达培训教室。布置培训教室，使它温馨，并准备好迎接参与者。确保环境有利于学习。没有什么比一个杂乱无章、准备不足的培训教室更加糟糕的了。温馨的环境有助于参与者更好地学习，使每个参与者的体验更加愉快。提前到达培训教室，熟悉环境。感觉就像你邀请参与者作为嘉宾进入这个教室，在这里他们会感到安全和受欢迎。这是帮助参与者感到自在且乐于学习的重要一步。

规划生动的开场和有力量的结尾。用令人兴奋和有趣的事情作为开场启动培训。去掉冗长的介绍、历史或细节，规划有力量的结尾。不要让参与者离开时感觉不堪重负。他们应该充满信心地离开，因为他们已经拥有做出改变的能力。他们应该带着一种完成感离开。

了解内容。不用记住所有的内容，但需要记住开场白。使用第 6 章末尾的练习，尽可能做好准备。和愿意听你讲话的人谈论内容。你越能够非正式地谈论内容，对内容理解得就越好，并在交付内容时充满信心。你需要处理细节，但你也需要掌控大局，这样你就可以知道某个副标题用在哪里合适。你对内容感到越舒适，你的参与者将越受益。

满足参与者的需求。为每次培训的开始寻找开场活动，鼓励你的参与者做自我介绍，并针对主题介绍他们知道的和需要了解的东西。这样你就可以提供合适的内容，以确保内容与每个人都相关。

保持能量高涨。培训可能使人身体上和精神上都感觉很累。这点对于你和你的参与者都一样。成为肢体语言的翻译专家。如果参与者的肢体语言表明他们累了或感到无聊，建议进行短暂休息。通过能够让他们站起来和到处走动的活动，使他们恢复活力。让学习对你和他们来说变得有趣、充满活力。你工作的一部分就是激励你的参与者。

不要讲课。如果你刚刚走出大学校门，你可能对“老师在上面讲，学生在下面听”的授课方式非常熟悉，但这不是我们最好的学习方式。你可以使用或调整数以千计的培训活动。你可以利用与内容有关的有趣练习吸引参与者。练习可以在小组内或单独进行，可以在纸上、在计算机上、利用智能手机或作为公开讨论进行。需要活动的建议吗？请参照第 5 章。如果学习是目标，通常有比讲课更好的方式。中粮培训中心副总经理刘菲提供了以下意见："中国有些培训师喜欢比参与者说更多的话。他们想要展示他们所知道的东西。"这不是培训；这是讲话。她也给出了警示，特别是"那些只想做笔记而不参与活动的参与者"。要知道，当参与者非常积极时，他们会学到更多。

了解如何实践成人学习理论。以下是其六大原则：

1. 成人具有内部动机和自我导向。

2. 成人以目标为导向。

3. 成人将生活经验和知识带入学习经验中。

4. 成人更喜欢相关性。

5. 成人比较看重实用性。

6. 人们期望得到尊重。

参见第 2 章以获得更多关于成人学习的理论。

保持组织性和灵活性。在你的个人议程上做笔记，表明在什么时候你应该讲到何处，这样你就知道接下来该如何控制节奏，是加快速度还是放慢速度。然而，你也要保持一定的灵活性，这样你就可以回答参与者的问题，并满足参与者的需求。你可能发现参与者要么比内容设计知道的多，要么比内容设计知道的少，所以你要为修订议程做好准备，以满足所有参与者的需求。

带入你的热情，去掉你的自我。你的热情将使你在成功之路上走得更远。如果你无法展现你的热情，不要指望从参与者那里获得能量。我的意思并不是要你像舞蹈拉拉队那样，但一定要真诚和热情。你的热情会激发参与者。你的热情具有感染力。你也必须抛弃你的自我。你的参与者并不关心你知道多少，你有多聪明，或者你曾做过什么。作为一名培训师，你已经拥有了信誉；在某些时候，你可以分享一些例子来增强你的可信度。最重要的是，一定要展现你的热情、你的兴奋，你可以通过展示你知道的要远远多于他们对自己的了解来做到这点。

站着培训。坐着会向参与者传递这样的信息——我不在乎，我累了，你们不重要，我没有太多精力，我昨天熬夜太晚，我不是专业人员。你发出了错误的信息。当然，如果你有一整天的培训，你不需要一直站着。但一定要在大部分的时间站着，除非你打算改变动态过程。例如，如果你想鼓励小组进行讨论，你可以拉过一把椅子坐下。如果你想显示一种更随性的风范，你可以倚着桌子。站立会传达信心、领导力和热情。它还可以确保你的声音从横膈膜底部发出。我有同事相信在进行虚拟培训时站立也同样重要，因为你也可以投射出同样的信心。

承认你不知道的东西。不知道每个问题的答案没有问题，但是找不到答案就不可以了。一个完全合适的回答是："我不知道答案，但我会找到答案，然后通过……告诉你。"

尊重。从记住并使用每个人的名字开始。如果你不使用桌签或胸卡，那么做一个房间布局的简图，然后在每个人坐的位置上写上他们的名字。这样，你可以在培训的任何时候查看这个简图。己所不欲，勿施于人。不要让你的参与者做任何你不会做的事情。不要以高人一等的语气和他们说话。要谦虚、客气、礼貌。

实践支持学习的基本行为。

1. 请记住，我们的大脑习惯于听故事。

2. 了解“苏格拉底式教学法”，以及为什么提出好的问题比提供所有的答案重要得多。

3. 请记住，相比超出预期的事情，大脑会花费更少的时间处理预期内的事情；因此，我们首先会从做错的事情中学到更多。

4. 好的游戏活动可以让人们持续几小时的参与，所以记得要开发能够促进参与和学习的活动。

5. 重复某些重要的知识点时不要犹豫。

帮助参与者取得成功。请确保每个参与者在练习中取得成功。不要预先向他们提供解决方案，否则你就剥夺了他们通过体验进行学习的机会。同时，你也不希望参与者完全被卡住，感到沮丧，所以你可以提供含糊的建议。如果这样行不通，就给出更明确的建议，或者使用“苏格拉底式”的提问。

中国石油天然气集团公司的陆洋提供了好的建议，他说：“在中国，培训师需要做的最重要的事情是学会利用成人学习理论实施培训，而不是简单地通过说教来讲课。”我同意这点。

兼职培训师的提示

如今，相比以往任何时候对培训师的需求都更大，特别是对于中国来说。如果你非常擅长自己的领域，你可能获得奖励，有机会向别人展示你如何将自己的工作做得这么好。这看起来与其他给予你的奖励不一样。如何培训别人，让他们了解和使用你已经拥有的知识和技能呢？

仅仅因为你是某个领域的专家，并不一定意味着你在培训他人有关概念时是专家。和任何行业一样，培训也有自己的专业技术和流程，以保证参与者可以消化吸收你已经知道的东西。专业培训师知道如何更好地整合专业知识。

如果你是一名兼职培训师，很可能是因为你非常擅长自己的领域。你很聪明。你是一个内容专家。但这对你的参与者来说可能是危险的，因为你知道的太多了。你进行培训，是因为你拥有丰富的知识和经验。这可以为你赢得信誉。风险是，处于这个级别的人可能已经忘记了初学者是什么样子的了。你可能提供太多的内容和太多的细节。尽量记住你第一次学会这个主题的样子，虽然现在你已经掌握了。尝试在过短的时间内提供太多的内容，或者向还没有准备好的参与者提供太多的内容，是你需要克服的风险。

除了要注意避免太多的内容，你可以采取其他两项有助于取得成功的措施。首先，更好（以及快速）地了解成为一名优秀培训师需要做到什么，即怎样做才能成功，快速阅读一下上面我为培训新手列出的提示。这些会帮助你取得成功。其次，每次你被要求进行培训时，要有条理并且做好准备。兼职培训师一般不会收到太多的提前预警（再说你也有自己“真正”的工作要做）。

下面的建议可以帮助你同时管理你的培训责任和你“真正”的工作。

- 接受与你的工作岗位目标一致的培训项目。不要同意培训你不知道的内容！
- 手头保留相关主题的资源文件。剪辑文章和其他有关的信息，保存在资源文件夹中。当你做好准备后，你所有的资源都将在一个文件夹中。
- 做一张列表，包括你想要强调的重点、需要做的事情、你想讲的故事。将这张列表放在手边，这样当你想到某些事情时，你可以随时把它们写下来。当你做好准备时，所有的想法都会集中在这张列表上。

快速小贴士

使用索引卡片收集你的想法和故事。

- 准备一个培训袋。把马克笔、钢笔、胶带、培训笔记和存演示文稿的 U 盘（无论你是否在培训过程中一直使用）放在一个培训袋中。当需要培训时，拿着你的培训袋就行。这样你就不需要到处收拾你所需的东西了。
- 把你所有的培训手册、讲义、笔记和视觉设备放在一个地方。这可以让你在很短的时间内收拾完所有的东西。
- 时刻更新你的培训材料。如果某个程序发生了变化，在培训材料上标记变化，这样你就不会忘记。

快速小贴士

严格要求自己，结束本次培训后，立刻补充相关信息到资源文件夹中。

如果你刚刚完成了一个项目，并且知道你可能还需要再做一次，写一个总结，记录哪些地方进展良好，以及哪些地方需要在过后进行修改，哪些地方需要随时做出调整。如果你在刚刚完成项目时这么做，材料在你的头脑中还比较清晰，总结起来会节省时间，并且你不会忘记。记住，投资会有回报。如果你在第一次花足够的时间准备你的培训，在随后每次培训时你都会受益。

不情愿的培训师的提示

为什么你不情愿不重要。可能有很多原因。这里有一些提示，可以帮助你对你的角色感觉更舒服。

- **记住开场白**。记住你要讲的最前面的几段话。对于很多培训师来说，5 ~ 15 分钟过后不情愿就会消失。如果你知道何时说，说什么内容，你将消除紧张和不情愿。
- **注视对方**。穿舒服的但让你看起来专业的衣服。看参与者的眼睛来证明你的信心。
- **让笔记为你服务。**笔记有助于你保持在正确的轨道上，包括时间和主题。笔记是你的支持系统，所以使用最适合你的格式。进行练习，并熟悉笔记每一页的内容。制订计划以提示自己在哪里可以找到信息。使用高亮标记、下划线、方框、云状标记、箭头或不同的颜色。
- **掌握放松技巧**。转动头部、肩膀，或抬起双臂都比较有效。在你准备培训时，练习这些技巧。在开始培训前，使用那些对你最有效的技巧。
- **在培训前进行等长练习**。很多培训师在培训开始前会收紧身体各部分的肌肉，蜷缩脚趾或挤压橡胶球。
- **练习深呼吸**。进行几次深呼吸，通过你的鼻子吸入空气并通过你的嘴排出，这有助于清空你的大脑。在培训开始之前的几分钟进行深呼吸特别有效。
- **提前进入教室**。当参与者到达时，迎接他们。尽可能与参与者打成一片，了解参与者的一些情况。这对于减少障碍和恐惧非常有效。在培训期间，找到一两个在培训开始前见过的友好的参与者。再次和他们交流，但要确保交流过程中不是只有你在说话。
- **如果你有“拐杖”，使用它**。对于一些培训师来说，这意味着较早地使用视听设备，但这会转移参与者的注意力。对于其他培训师来说，这意味着以某种方式概括或突出显示笔记。对于我来说，这意味着我的周围有一杯水。任何时候，我的嗓子干了，或我忘了要做或要说什么时，我会拿起这杯水，喝一点，并重新组织自己的思路。

- **认识到参与者希望获得成功**。忘记你自己，把参与者放在首位。专注于参与者的需求。考虑一下你必须与他们分享的东西的重要性。
- **将你的引导作为扩展对话**。想象一下你正在和你的好朋友交谈，看着他们的眼睛，并在个人层面与他们连接。
- **想象自己是成功的**。不要花精力想象最糟糕的情况。相反，想象最好的情况。告诉自己，这将是这些参与者参加过的最好的培训。
- **让参与者在培训早期就参与进来**。尽早地问问题，开启介绍或启动破冰活动。在参与者参与之后，你会感觉自己更像在引导一个双向的对话，而不是做报告。进入培训课程后，知道参与者将积极参与而不是紧盯着你，会提振你的信心。
- **尽早尝试适当的幽默，帮助你获得参与者精神上的认可**。幽默不应该被翻译成“笑话”。除了笑话，幽默可以是其他很多东西，而笑话并不总是幽默的。
- **在任何合适的时间开展小组活动**。这是学习的最佳方式。我很高兴，我所有的中国参与者对于通过活动来学习都感到非常兴奋和感兴趣。我们也有进行互动小组练习的方法，互动小组练习非常好，并且通常相当容易。学习和利用下面的方法来取得成功：
  — 将参与者分成 3 ~ 5 人的小组。在这样的小组中，每个人都感觉有义务积极参与和介入。
  — 在分配任务之前，确保所有参与者都被分到小组中，让他们移动到特定的位置上。
  — 让小组内的某个人记下小组的决定和解决方案。其中一人应该被指定做代言人。
  — 在小组间走动，倾听他们的谈话并发表评论，或者只是确保他们在正确的轨道上。如果小组转向没有意义的讨论，那么你要给出提示。
  — 若干分钟之后，给出时间提醒“做……还剩下 3 分钟”，这样他们就可以按时完成。

— 练习完成后，让参与者继续在小组内就一些预先设定的事项做汇报，如他们的结果、答案、存在的问题以及在完成任务的过程中他们的任何想法。

- **保持正确的引导**。如果你犯了一些错误，那怎么办？你可以纠正吗？参与者会知道某些东西是不正确的吗？如果你不够完美，就是世界末日了吗？

所有这些提示将有助于让你对你的培训师角色感到安心。

帮帮我！我被要求进行一次网络研讨会

如果你正在进行一次网络研讨会或其他电子化学习活动，那该怎么办？培训师对网络研讨会两个最大的担忧是吸引参与和技术问题。

了解参与者并吸引他们的参与是很困难的。但是，经过一些准备，并且参考本章提出的部分建议，实现与你的课堂培训相媲美的参与是可能的。

技术问题会造成第二个挑战，这也是你为什么需要技术支持。最常见的问题是参与者忘记了他们的密码或忘记了如何登录。你可以解决这一问题，要求大家在课程开始前至少提前 10 分钟登录。提供技术支持的人可能是你的同事，他可以协助你解决技术上的困难，收集问题并提供一般支持。

尽管有明显的挑战，但网络研讨会满足了培训需求。使用这种培训方式，你的准备和实践更为关键。虽然技术类型不同，但下面的建议可以用来创建和提供一个引人入胜的网络研讨会。

做好准备

你可能无法提前启动，特别是如果这是你的第一次网络研讨会或虚拟培训。请记住下面这些需要引起你关注和事先准备的领域。

- **选择日期和时间，并发出邀请**。日期至少应该在网络研讨会开始前六周确定。电子邮件是邀请人们参加网络研讨会的最佳方式。后续提醒也会很有帮助。
- **及时回复**。当参与者开始注册时，立即回复并发送操作指导来保持这一势头。
- **设计你的网络研讨会**。计划一个 30 ~ 60 分钟的培训课程。设定目标并规划交付模型。一堂课的目标数量不应超过 3 个。制作令人信服的演示文稿。在最后为参与者留出提问时间；如果你有所顾虑，在小组内提出问题，鼓励其他参与者说出来。
- **练习**。将演示文稿练习几次。与你的会议提供者安排一次完整的运行测试，确保你对操作平台感到舒适。
- **排练制作部分**。将流程部分包括在排练中，如介绍、过渡和切换，并且知道哪部分在哪里。

从一开始就为互动搭建舞台

仅仅因为培训在网上进行，并不意味着你可以忽略参与者。你可以利用与面对面培训相似的方法，在虚拟培训课堂上吸引你的参与者。利用下面这些建议吸引参与者参与。

- **使用电话听筒。**这可以在培训时提供最佳音质。扬声器或手机并不能提供最佳音质。
- **保持工作室般的气氛。**张贴“请勿打扰”的标志，消除背景噪声，关闭手机，将电脑静音并关闭电子邮件。
- **确保尽早连接**。准备替代方案，以便你的参与者有困难（电子邮件、文本、聊天框）时也可以与你取得联系。与合作伙伴合作，轮流提供需要的幕后支持。

- **提前开始**。邀请参与者提前 10 分钟进入课堂，这样每个人都可以准备好准时开始，并留出时间来解决技术问题。和参与者打招呼并通过活动吸引参与者参与，如投票的方式。保留注册参加培训的人员名单，这样你可以称呼他们的名字来欢迎他们。要求参与者移除任何干扰物，并邀请他们通过聊天功能相互连接。
- **露脸。**打开你的摄像头欢迎参与者。邀请参与者也同样打开摄像头，即使你不打算在整个培训过程中使用。

吸引参加虚拟培训的参与者

寻找从参与者那里获得反馈的方法？希望参与者介入和参与？下面这些建议将是很好的开始。

- **强有力的开场**。随着课程进行，在线课堂也会有较高的逃课率。强有力的开场可以在一定程度上降低逃课率。在典型的面对面培训中，培训师往往会在第一次见面时让参与者做自我介绍。这种做法和介绍课程议程一样重要，也应该在在线课堂中保留。作为第一项任务，让参与者向小组提交一篇文章，简要介绍其与课程相关的或课程之外的兴趣。
- **视频介绍**。介绍的最好办法是通过录制简短的视频。大多数参与者都会通过自己的手机录制和上传简短的介绍视频。看到彼此的脸，以及听到彼此声音的价值是无法估量的。这种做法会创造一种社区学习感，不论参与者的地理位置在哪里。
- **沟通。**不要期望在线讨论会像在教室内讨论一样遍地开花。通过设定清晰的指引和提供机会，确保在线讨论取得成果。作为引导者，你不应该占用全部时间。向参与者提供相互聊天、讨论想法、询问对方问题的机会。这会使他们从小组讨论中受益。如果在线课程使用发帖的方式，请确定最低要求，规定参与者如何以及何时应该贡献自己的想法和对任务做出回应，包括必须对其他参与者的帖子做出反馈的最小数目，以促进对话。

- **惊喜提问。**建立花名册，上面写明所有参与者的姓名、住址、电子邮件和电话号码。提醒大家，你将随机让他们回答问题，做评论，并提供学习重点。所有人都必须集中注意力。请参与者向小组透露关于自己的情况。这可以在整个培训过程的不同时间进行。例如，你可能会说："深圳，陆，告诉我们一些你自己的事情，今天深圳发生了什么。"在一个小组内，将参与者的照片或名字放在幻灯片上。使用指示笔来选出谁应该下一个发言。作为一个指导原则，每隔四张幻灯片，为参与者提供机会回答问题或参与活动。变化回答问题的方式，这样他们就不会感到自满。例如：
  - — 如果你已经完成了第 14 页的阅读，或如果你同意这一点，给我一个绿色的√；如果你需要更多的时间或者不同意，给我一个红色的×。
  - — 如果你认为这个可以，给我一个笑脸。
  - — 可以聊一下你对这个观点的看法吗？
  - — 有人能给我一个像这种情况的例子吗？
  - — 投票、聊天、讨论——提出一个轮询问题，要求参与者以聊天的方式阐述，然后让某人取消静音，说出他的答案。
- **轮到我了**。针对某些内容，向独立小组分配责任：开场、主题回顾或学习概述、"如何记住"内容、操作步骤，以及结尾。如果参与者成为议程的一部分，那么他们将保持参与。让每个人都参与其中。在培训中为每位参与者提供相关书籍或使其成为议程的一部分，书籍或议程要与培训相关，或者能帮助他们在需要解决的问题上成为内容专家。例如，如果培训正在影响他人，找到提及该主题的书籍或文章，然后给参与者打电话，或要求他们就书中相关内容做评论。
- **心理参与**。检查参与者的理解程度。定时暂停，给参与者时间思考。在介绍完某个知识点后，轮流询问参与者是否理解。在最后为问问题留出时间。在网络研讨会上挑战参与者，让他们找到新的思路。声音的变化将提高参与者的兴趣水平。通过频繁的滑动，保持参与者的注意力：每隔 30 秒，转换、放大或突出显示幻灯片。

- **结束**。准时结束。如果你不这样做，你会失去他们。通过要求参与者举手并分享他们从培训课堂带走的最重要的东西，以此作为培训结尾。观察谁会做出回应；如果有人不做出回应，考虑呼叫他们。
- **培训课程之间的参与**。培训会结束，但参与不应该结束。你希望参与者继续参与话题讨论。作为培训师，你可以提前为参与者提供阅读材料、相关视频和需要讨论的问题。在讨论区紧跟大家的讨论，进行连接，鼓励和赞扬参与者，并在必要时改变讨论的进程。你期望参与者在培训期间应用新技能，并告诉他们在下次培训时做应用情况的报告。利用项目或培训期间的作业，让参与者参与进来。布置团队任务和项目。鼓励虚拟团队使用工具，如用于实时通信的 LinkedIn 或微信，或可以用于会议的视频。

让你的声音时刻带有笑声，充满活力的声调能够立刻与参与者建立个人连接。如果他们有疑问，称呼他们的名字并鼓励他们提出来。提前向每个参与小组发送会议材料、讲义和各种道具。

立即跟进

通过电子邮件确认所有注册者。对于那些已经参加的人员，发送感谢信以及如何访问课程内容的说明。向那些已经注册但没有参加的人员发送“非常抱歉，我们错过了你”的信息。你也可以寻求反馈。

这些想法虽然不能面面俱到，但可以让你有一个好的开始。活动设计要经过深思熟虑，互动要被设计到培训课堂中，这是非常重要的，这不是即兴发挥的时刻。你可以邀请某个你知道将会参加网络研讨会的人参与某些内容的设计。

一对一培训的注意事项

一对一培训有好几个名称，但可以分成两个领域：在职培训和辅导。在职培训包括辅导或指导。其中一个显著的区分因素是，它发生在参与者的工作场所内。辅导是发展参与者的技能和经验，通过向参与者提供困难不断增加的、需要他们实现的任务来达成目标。辅导通常与连续讨论、反馈和咨询配对。

当需要与参与者接触，或者要求提供高度专业化的培训时，你将使用一对一培训。主管往往提供一对一培训。虽然有些人认为这是一个很好的方式，因为它简单快速，任何人都可以进行一对一培训，但他们的想法是错误的。这是一个很好的方式是事实，但是需要更多的了解。

当培训师与参与者在一起时，这种方式简单快速，但是需要大量的前期准备工作。此外，并不是“每个人”都可以很好地开展一对一培训。它需要培训师拥有良好的沟通技能，有耐心，拥有丰富的与内容有关的知识，并且平易近人。

通常一对一培训的责任在于参与者的主管。参与者可能对于组织来说是新人，或有新的工作。如果你是处于这种情况下的主管（培训师），那么将这个角色作为你的领导力技能的扩展。像领导者一样，你将指引参与者走上正确的方向，引导他们做出正确的决策，并帮助他们发现新的知识。

进行一对一培训的培训师通常使用与教室培训相同的学习策略，但一对一培训的优势是只聚焦一个参与者。将下面这些学习策略融入你的一对一培训中。

- 从描述整个蓝图开始。当培训完成时，参与者看起来应该是什么样子的？

- 澄清期望和要求。确保参与者了解组织对其的期望是什么。讨论参与者目前的状态和期望之间的差距。
- 提供参与者需要知道的新信息。推荐对新信息有帮助的人或资源。提供有用的文档或其他数据。
- 在需要的地方演示过程。
- 在需要的时候让参与者做展示。
- 提供改进的意见和建议。
- 作为学习方法展示问题。
- 计划时间来跟进参与者。
- 向参与者提供工作支持，用于培训结束后的回顾和指导。
- 确保参与者知道如何找到你。

这个过程和普通的教室培训没有什么不同，所以你也会使用类似的技巧。

本章提示：拖延症患者

你是一个像我一样的拖延症患者吗？没有时间阅读整个步骤吗？下面是需要做的事情以及何时去做的一个快速清单。不论你是一名培训新手，还是一名兼职培训师，这个清单都会让你对你需要做的保持警觉，为你的培训做好准备。我把它称为我的“拖延症患者生命线”。

前一周

- 在同事面前练习培训内容；寻求输入、反馈和想法。
- 了解你的主题。如果你这么做，你的信心会增加。
- 记住你打算在前 5 分钟说的话。对于培训师来说，前几分钟通常是最伤脑筋的。

- 列一个清单，包括你需要记住去做的事情或需要为培训打包的东西：设备、物资、如何布置房间、在参与者的座位上放什么东西、能够为培训提供支持的人的姓名和电话号码，如有培训房间钥匙的人。
- 如果要求参与者填写调查问卷或做其他前期工作，检查并确保你收到了所有参与者的回复。
- 检查所有房间的布局、茶点、设备和物资。

前一天

- 运行整个培训，练习视觉效果。
- 确认你有足够的参与者材料和所有物资。
- 检查你的培训师指南或笔记并随身携带到培训教室。
- 检查你需要了解的有关培训场地的一切，其中包括卫生间的位置、茶点、支持人员等。
- 布置培训房间，摆放桌椅以鼓励参与。
- 观察房间的构造。照明会造成问题吗？窗户是朝东还是朝西？确定灯的开关位置。找到空调的位置，以及确保你有遥控器。
- 设置你的设备，标记投影仪桌子的位置，在地板上贴上胶带。测试设备。最后一次运行演示文稿，确保它们正确有序。用真实的设备练习。你知道如何使用无线遥控器吗？按钮在哪里？你可以顺利地使用活动挂图页面吗？
- 将参与者的材料排列在他们的座位上。在每个座位上放上他们的培训手册、钢笔、日程、桌签、马克笔，以及每个参与者需要的其他东西。在圆桌的中间放上小组活动或练习的其他共享材料，或平均分摊在 U 形桌上或其他位置。这些东西可能包括便笺纸、索引卡、讲义或纸张。
- 最后到处看一眼。房间的前面有空箱子吗？拿走它们。不要等清洁人员为你丢弃它们。
- 晚上好好睡一觉。

一到两小时前

- 在培训开始前至少提前一小时到达。
- 完成最后一分钟的设置。
- 整理你将进行培训的空间。
- 把你的笔记放整齐，打开第一页，放到你想要放的地方。
- 把你的视觉设备放好，放到你想要放的位置上。
- 接满一杯水。
- 放置一些纸巾以防出现紧急情况。
- 把工具和用品放到你想要放的位置上：把马克笔放到活动挂图托盘里，铅笔要靠近你的笔记本，便笺纸和索引卡放在一旁，将做好的桌签放在桌子前面。
- 确保设备的位置正确并经过测试，设置到第一张幻灯片状态。
- 让自己感到舒服：上厕所，喝点水。
- 开始前的 2 ~ 5 分钟在室内走动，和到达的参与者打招呼。

一分钟前

- 再看一眼你的开场白。
- 深呼吸。
- 告诉自己这次培训将非同寻常。
- 找到一个友好的面孔。
- 微笑。
- 加油！

本章奖励活动
庆祝差异

概述

使用此项活动，证明即使那些我们认为和我们不同的人也和我们有很多共同点；这适合在线使用聊天室。

参与者

15～30 名参与者。

流程

1．请参与者找到小组中和他们最不像的成员，在 4 分钟内确定两人不同的四个方面。

2．4 分钟后，要求他们找到两人相同的四个方面，“相同”的四个方面要有深度、具体，而不是像“我们都是女性”或“我们都喜欢吃”等笼统的描述。参与者有 4 分钟时间用来完成这个任务。

3．4 分钟后，让一对加入另一对中，找出他们四人都相同的四个方面。他们也有 4 分钟的时间。

4．4 分钟后，让四人加入另外四人，找出他们八人相同的四个方面。他们有 6 分钟的时间。

5．停止活动，并要求举几个例子。汇报活动。

汇报

- 我们开始这项活动时你有什么期待？
- 在第一轮中，找到你们的不同点简单，还是找到你们的相同点简单？你认为这是为什么？
- 为什么我们对相同点和不同点这么在意？
- 在未来你会如何处理与别人的关系？这项活动会让你有什么改变？

变化

- 如果你的时间有限，你可以在四人组讨论后停止。如果你的时间较多，参与者也较多，你可以把活动继续到下一级，每组达 16 名参与者。
- 你可以为拥有最有创意相同点的小组提供奖品。
- 这是揭开多样性研讨会序幕的很好的活动。

实例

我在一个存在分歧和问题的公共事务团队中进行过这项活动，这个团队由 22 名成员组成。他们的工作被划分开，他们的日程也是脱节的。所以，想要了解对方，或知道团队中的每个小组做了什么，是非常困难的。该团队最后集合了所有的人，并且发现了他们的很多共同点。

阅读和资源

阅读资源清单，它将为你提供本书之外的内容。用星号和黑体字标示的资料有中文版本。

每章附加资源

第 1 章

***10 Steps to Successful Training,* Elaine Biech**

第 2 章

Self-Directed Learning, Malcolm Knowles

The Adult Learner: A Neglected Species, Malcolm Knowles

第 3 章

Active Training: A Handbook of Techniques, Designs, Case Examples, and Tips, Elaine Biech and Mel Silberman

第 4 章

Evidence-Based Training Methods, 2nd ed, Ruth Clark-

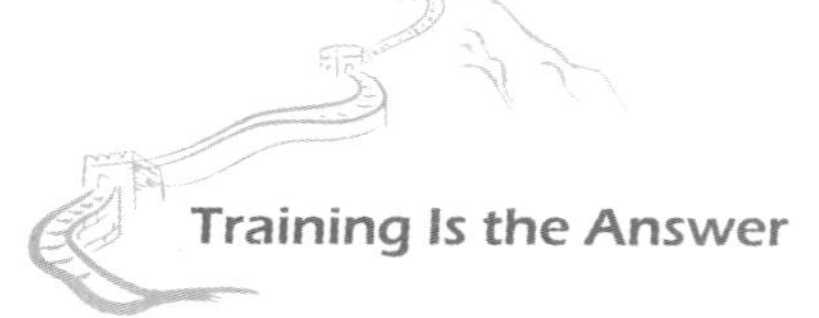

The Accidental Instructional Designer, Cammy Bean
Real World Training Design, Jenn Labin

第 5 章

Social Media for Trainers, Jane Bozarth
***Telling Ain't Training*, Harold Stolovich and Erica Keeps**
How to Write Terrific Training Materials: Methods, Tools, and Techniques, Jean Barbazette

第 6 章

Training and Development for Dummies, Elaine Biech

第 7 章

***10 Steps to Successful Facilitation*, ATD**
***10 Steps to Successful Presentations*, ATD**
The Art of Great Training Delivery, Jean Barbazette
***Experience-Driven Leader Development*, Cynthia McCauley, Scott DeRue, Paul Yost, and Sylvester Taylor**

第 8 章

Evaluating Training Programs, 4th ed, James and Wendy Kirkpatrick
***Training on Trial*, James and Wendy Kirkpatrick**
***Kirkpatrick Then and Now*, James and Wendy Kirkpatrick**
***The Six Disciplines of Breakthrough Learning*, Roy Pollock, Andy Jefferson, and Cal Wick**
***The Field Guide to the Six Disciplines*, Roy Pollock, Andy Jefferson, and Cal Wick**

第 9 章

***ASTD's Ultimate Train the Trainer*, Elaine Biech**
Training and Development for Dummies, Elaine Biech

第 10 章

***10 Steps to Successful Coaching*, Sophie Oberstein**
***A Coach's Guide to Developing Exemplary Leaders*, Elaine Biech**
***The New Social Learning*, Tony Bingham and Marcia Conner**
***The Gamification of Learning and Instruction*, Karl Kapp**
***The Gamification of Learning and Instruction Fieldbook*, Karl Kapp**
Designing mLearning, Clark Quinn

第 11 章

Employee Development on a Shoestring, Halelly Azulay
The Virtual Training Guidebook, Cindy Huggett

内容全面的书籍

***ASTD Handbook for Workplace Learning Professionals*, Elaine Biech, ed.**
***ASTD Handbook: The Definitive Reference for Training and Development*, Elaine Biech, ed.**
***The ASTD Leadership Handbook*, Elaine Biech, ed.**

有关活动建议的书籍

100 Favorite Games, Sivasailam "Thiagi" Thiagarajan
101 More Ways to Make Training Active, Elaine Biech
101 Ways to Make Learning Active Beyond the Classroom, Elaine Biech
90 World-Class Activities by 90 World-Class Trainers, Elaine Biech
Design Your Own Games and Activities, Sivasailam "Thiagi" Thiagarajan
Jolts!, Sivasailam "Thiagi" Thiagarajan
Pfeiffer Annuals: Training and Consulting, 40 years' worth
The Book of Road-Tested Activities, Elaine Biech
Trainer's Toolkit, free from ATD, download at Apple App Store

反侵权盗版声明